AF193647

Círculo Rojo

Mi Yo & Tu Yo

La historia de un viaje para encontrar tu destino

Mi Yo & Tu Yo

La historia de un viaje
para encontrar tu destino

Mery Vásquez

Círculo Rojo
EDITORIAL

Primera edición: diciembre 2023

Depósito legal: AL 3042-2023
ISBN: 978-84-1199-702-7

Impresión y encuadernación: Editorial Círculo Rojo

© Del texto: Mery Vásquez
© Maquetación y diseño: Equipo de Editorial Círculo Rojo

Editorial Círculo Rojo
www.editorialcirculorojo.com
info@editorialcirculorojo.com

Impreso en España - Printed in Spain

DEDICATORIA

A mis tres grandes tesoros, Zulyren, Merián y Mariángel:
Este libro es un testamento de amor y gratitud hacia cada una de ustedes. Cada palabra impresa en estas páginas está escrita con la esperanza de que ilumine sus caminos, como una guía que alumbra en la oscuridad. Son la razón por la cual he buscado el crecimiento, la transformación y la verdad en cada etapa de mi vida. En ustedes encuentro el motor que impulsa mi existencia y la razón detrás de la pasión inquebrantable de la cual emergen mis más grandes esfuerzos por avanzar un paso a la vez.

A mi madre, María Vásquez:
Quien, aun desde el cielo, sigue siendo el pilar de mi vida, mi guía y mi inspiración. Tu amor, fuerza y sabiduría me han sostenido en cada paso de mi viaje. Gracias por enseñarme a avanzar incluso cuando el miedo acecha y por mostrarme la importancia de la determinación y la valentía. Este libro y mi nombre de autoría es un tributo a tu voluntad inquebrantable que comparto como un estandarte de los grandes tesoros que me has heredado.

A mi padre y hermanos:
A lo largo de nuestros recorridos, hemos compartidos tropiezos y celebrado victorias. Cada desafío superado y cada logro alcanzado ha sido parte de nuestro viaje como familia. Este libro es un reconocimiento a la fuerza que nos une a través del sentimiento más profundo.

A mi esposo:

Tú has sido mi apoyo incondicional en cada paso que he dado. Tu amor, paciencia y aliento han sido mi luz en los momentos más oscuros, y una brújula en mi búsqueda de crecimiento y transformación. Este libro también te pertenece, como una parte integral de nuestra historia compartida.

A todos los lectores que me acompañen en esta aventura, les doy la bienvenida a mi mundo de autodescubrimiento bajo la convicción de que la transformación social solo tiene su punto de partida en el crecimiento individual. Espero que estas palabras les brinden inspiración y orientación en sus propios viajes.

Con amor,
Mery Vásquez

ÍNDICE

INTRODUCCIÓN

¿Cuántas veces te has sentido en un lugar donde no querías estar, viviendo situaciones que no anhelabas y atrapado en realidades que sientes que no forman parte de ti? La respuesta, seguramente, es más de una vez. Este escenario ha sido parte de mi historia en numerosas ocasiones. Como ser humano, me he enfrentado a momentos de incertidumbre, de miedos paralizantes y de una confusión abrumadora que, en medio de la desesperación, me han llevado a escapar de mis propios pensamientos, solo para descubrirme perdida, alguna vez, en medio del camino.

La vida, en su naturaleza más esencial, es un viaje de transformación. En las siguientes páginas, compartiré el resultado de ese viaje como una narrativa metafórica que describe no solo las experiencias, sino las lecciones que he aprendido, las perspectivas que he ganado y las herramientas que he descubierto para avanzar a través de la penumbra y que me han ayudado a encontrar la salida en medio de escenarios desafiantes.

Cada uno de los personajes de esta historia se describe a sí mismo como una invitación a la reflexión, al autodescubrimiento y al crecimiento personal. El acontecimiento de los hechos, que fluyen de experiencias reales y desafíos personales, están impregnados de la inquietud que nace de la incertidumbre, pero, al mismo tiempo, están llenos de la determinación por descubrir el camino que nos lleva de regreso a nosotros mismos.

A través de mis palabras, procuro describir la vida vista desde diferentes ópticas, como una sinfonía en constante cambio que sumerge nuestros pensamientos en un abismo de escenarios desconocidos. Al encontrarnos en medio de la turbulencia, sin darnos cuenta nos perdemos en los susurros de la incertidumbre, hasta quedar atrapados en un laberinto de dudas que oscurece nuestra esencia, manteniendo oculta muchas veces nuestra propia identidad.

La historia de este viaje es el reflejo vivido de lo que todos enfrentamos en algún momento, un viaje hacia el autodescubrimiento; un viaje que, aunque inquietante, es absolutamente esencial. Aquí, te llevaré de la mano a través de mi propio viaje en busca del camino ideal. Compartiré contigo las lecciones que he aprendido y las claves que he descubierto para desentrañar los secretos de mi propia identidad. Pero este viaje no es solo mío, es tuyo también. Juntos, exploraremos cómo el agradecimiento, la actitud y la acción pueden ser las claves para desbloquear tu verdadero potencial y convertirse en las llaves maestras que revelen el tesoro escondido que nace en la fortaleza de tu verdadera esencia.

PRIMERA PARTE

EL ENCUENTRO

Hay momentos en la vida que nos sorprenden.
Hay momentos en la vida en el que caemos al suelo.
Hay momentos en la vida en el que sin alas llegamos a volar.

CAPÍTULO 1
EN MEDIO DEL CAMINO

Me encontraba en medio del camino con la mente en blanco. Una brisa fría rozaba mi rostro y penetraba mi piel a la velocidad de mis pasos, al mismo tiempo que mi cuerpo agitado evaporaba un gran ardor emanado desde lo más profundo de mi ser. Mis manos sudorosas, al rozar el viento helado, se congelaban en un instante y frotaba mis brazos constantemente, como tratando de mantener el calor.

El ambiente era húmedo y bastante nublado, igual que mi memoria. Una pesada bruma envolvía el paisaje tornándolo borroso y, por más que buscaba mirar a lo lejos, no alcanzaba visualizar la ruta a seguir.

Tenía prisa, y mis pasos acelerados extendían mi trayecto al fuerte ritmo de mi corazón palpitante. Había decidido avanzar determinantemente, sin tregua, sin distracciones y, sobre todo, sin mirar atrás.

Soy *Mi Yo*, de estatura promedio, ojos pardos, cabello fino y piel bronceada. De apariencia sencilla, posiblemente un poco descuidada, pero con temperamento desafiante, egocéntrico y tal vez con un toque de soberbia. Acostumbraba a moverme constantemente con el ímpetu característico de la juventud, sentía temor de quedar estancada en algún lugar y perseguía firmemente el sueño de encontrar mi destino.

De naturaleza fría y una personalidad basada en la objetividad de los resultados, me mantenía en una búsqueda constante del equilibrio y el sentido lógico de las cosas. No me era difícil manejarme ante cualquier escenario y mostrar mi temple inquebrantable que me permitía, casi siempre, alcanzar mis objetivos.

Creía en el poder del compromiso individual y la disposición para afrontar retos como herramienta imprescindible para convertirme en un ideal a seguir; procuraba transmitir mucha fuerza y una gran seguridad que solía vestir a menudo para mostrarme exitosa ante cualquier situación.

Sin embargo, mi alma solitaria deambulaba ajena de cualquier emoción y, desde hace un tiempo, la verdad, no recuerdo cuánto, había elegido transitar alejada del drama constante de la historia humana, conservando distancia con quien, por cualquier circunstancia, irrumpiera mi trayecto.

En mi interior, la confianza y el amor resultaban una fantasía. Juzgaba implacablemente la mediocridad en todo sentido, pues, a mi parecer, no había puntos intermedios, era todo o nada. De acuerdo a mis creencias, me exigía avanzar a gran velocidad, dirigiendo mis fuerzas hacia un firme objetivo, encontrar mi camino.

Luego de un largo trayecto, en medio del camino, con el cuerpo exhausto y los pies adormecidos por el frío y el transitar veloz de mis pasos, agotaba mis fuerzas, cargadas de un vacío emocional que, sin entender por qué, agobiaba mi alma.

Mi mente difusa, escabullida de escenarios bloqueados por la conciencia, se centraba exclusivamente a encontrar aquello que sentía haber perdido, aunque en el punto que estaba, por más que buscaba, no encontraba nada hacia atrás, pero tampoco alcanzaba a ver nada hacia delante.

Las horas avanzaban, y mis pasos afanosos hurgaban entre mis fuerzas, cada vez más escasas, para no quedarme ahí, en medio del camino.

En mi interior percibía el camino de la vida como un trayecto de múltiples direcciones en el que deambulamos, en una constante búsqueda de la felicidad anhelada, cargados con el peso de los sueños y recuerdos desvanecidos en el agotador escenario que se nos presenta día a día.

Así, consideraba entonces la vida como un viaje, donde el camino representaba la ruta que decidimos tomar para llegar desde el punto nuestro de partida hacia lo que consideramos nuestro destino.

Durante el trayecto, pensaba que, en la mayoría de las veces, podemos elegir los medios más adecuados para avanzar en nuestro viaje, puede ser a pie o en coche, por ejemplo, y luego, cada quien define su velocidad, los recursos, el equipaje, la compañía, incluso la ruta a seguir. De esta manera, se van construyendo las experiencias que reflejan la esencia real de lo que somos, lo que fuimos y lo que seremos.

El amanecer afloraba hacia el horizonte y los rayos del sol comenzaban a irradiar su esplendor con una calidez anhelada, luego del frío escalofriante de aquella larga noche. Mi cuerpo estaba exhausto al igual que mi alma y, con la claridad del nuevo día, el camino ahora parecía perderse en el infinito junto a mi mirada.

Casi sin aliento, decidí hacer una pausa para tomar un poco de aire. Mi cuerpo fatigado transpiraba al ritmo de mi respiración agitada. No había parado en mucho tiempo y, ahora, aunque sin muchas opciones, tampoco quería hacerlo.

Sin embargo, al detenerme, me percaté de la presencia de otras personas que pasaban junto a mí y que iban y venían en diferentes sentidos. Algunas avanzaban a mayor velocidad y otros recorrían su camino mucho más despacio.

Sorpresivamente, observé a unos cuantos que se trasladaban en diferentes medios; había coches de todo tipo, de lujo, deportivos, con mayor o menor capacidad de carga, unos más equipados que otros, incluso había quienes, sin prisa, avanzaban en su modo particular, pero todos parecían tener algo en común, cada uno concentraba su mirada inmutablemente, como si no existiese mundo alrededor, todos en busca de lograr encontrar su propio destino.

Durante horas me quede atónita observando el transitar de los demás, pues, aunque compartimos un mismo mundo y hasta parecemos coincidir en un mismo punto, los caminos suelen ser diferentes.

Durante mi trayecto había estado concentrada en avanzar incesantemente, sin mirar atrás, y, a decir verdad, tampoco hacia los lados ni alrededor y, probablemente, tal vez tampoco hacia adelante.

Mientras avanzaba el día, con la vista estupefacta frente al agitado escenario que desfilaba frente a mí, pude notar algunas diferencias que caracterizan el andar de otros.

Vi pasar, por ejemplo, a algunos que parecían ir muy ligeros, en una búsqueda constante de sabiduría. Se conducían con serenidad a lo largo del trayecto, entendiendo que, si se equivocan en algún punto del camino, tendrían la posibilidad de corregir y continuar de nuevo. Estos suelen revisar los recursos disponibles y evalúan constantemente las condiciones de la ruta antes de tomar cualquier decisión.

Observé, además, algunos otros que pasaban junto a mí, con rasgos que llamaron mi atención, entre los pude notar:

Los dependientes, que conducen su camino tratando constantemente de agradar a otros para no ser abandonados. Suelen paralizarse frente a las dudas y procuran evitar lo desconocido. Su temperamento puede ser sumiso, pasivo y muy dócil, incluso son capaces de sacrificarse a sí mismos y sufrir maltratos, reprimir sus pensamientos y ocultar sus desacuerdos con tal de preservar un afecto.

Estaban también *los narcisistas*, con un aire irrazonable de superioridad que demanda gran atención y admiración expresiva de quienes los rodean. Sus necesidades se centran en sí mismas, restándole importancia a todo lo que no le incluya. Reaccionan fácilmente a las críticas y se sienten merecedoras de privilegios, tratos especiales y reconocimientos continuos, alardeando sobre sus logros y haciendo que parezcan más importantes que los de otros.

Junto a ellos, pude notar a *los victimistas*, que van por la vida quejándose de todo y adjudicando sus responsabilidades a la mala suerte, la falta de consideración y malas intenciones de los demás. Esconden sus errores bajo la justificación constante y frente a los problemas adoptan una actitud pasiva, a esperas de que otros actúen primero para evitar equivocarse. Si se sienten rechazados u omitidos en su dinámica, experimentan sentimientos de ira y dolor, que convertirán en fuertes críticas y argumentos incriminatorios hasta hacer sentir culpables a quienes, según su juicio, les hayan desafiado.

No pude evitar ver a *los derrotistas*, que consideran su andar como un camino trágico lleno de pesares que les impide avanzar. A menudo arruinan las experiencias placenteras, cargándolas con ideas autodestructivas que generen desilusión y dolor. Rechazan la intensión de otros por ayudarlos y consideran que su mal es único y carece de solución, por lo que elige sentirse ofendido, derrotado o humillado.

Así mismo, estaban *los obsesivos compulsivos*, que tienden a ser altamente exitosos gracias a su excesiva devoción por el trabajo y un gran sentido de urgencia respecto a sus propias acciones. La rigidez de sus rutinas autoimpuestas los inhibe disfrutar de experiencias placenteras que suelen ser reemplazadas, inconscientemente, por sentimientos como la ansiedad y la frustración, aislando su capacidad para resolver problemas, sociabilizar con su entorno, evadiendo, así, las relaciones interpersonales estrechas. Suelen ser inflexibles, con gran preocupación por los detalles y poseen un obsesivo sentido de pertenencia que les impide deshacerse de cosas, incluso si el objeto carece de valor.

También vi pasar a *los histriónicos*, que actúan de una manera profundamente emocional y dramática en busca de atraer la atención absoluta hacia ellos. Su incapacidad por hacer frente a la pérdida o al fracaso les genera un estado constante de frustración y aburrimiento que los conduce a la inestabilidad, manteniéndose en un continuo anhelo de experimentar cosas nuevas y excitantes, lo cual, a veces, les conduce a situaciones arriesgadas. Se dejan influenciar fácilmente por otras personas y resultan extremadamente sensibles ante las críticas o la desaprobación. Sus estados emocionales son cambiantes y buscan el valor profundo de la confianza.

Pasaron, además, *los perfeccionistas*, también llamada personalidad anancástica, que tienden a conducirse sobre expectativas muy elevadas, evaluando su evolución frente a sus metas de una manera muy rígida, poniendo en duda su propio rendimiento. Para ellos, la entrega total es una obligación en la que no existen puntos intermedios, pues es todo o nada. Poseen una necesidad imperiosa por el control absoluto, pero no solo de sus propias acciones, sino también de las demás. Tienden a ser obsesivos con la limpieza y el orden, y sus niveles de exigencias los conducen a ser generalmente responsables con sus obligaciones.

No podían faltar *los intuitivos*, que despertaron mi admiración, quienes procuran ver las cosas como un todo, valorando la importancia de los sentimientos al momento de tomar decisiones. Sus acciones van arraigadas a la racionalidad creada a través de la comprensión de las emociones como fuentes de expresión humana. Su foco de atención se centra en el entorno, en buscar y reconocer las oportunidades, orientando sus pensamientos hacia aquello que perciben a partir del presente más que en recuerdos y conceptos abstractos. Se mantienen dispuestos a experimentar nuevas situaciones y confiar en su propio instinto. Evitan cargar con lo innecesario y se alejan de todo sentimiento vinculado a episodios de remordimiento y frustración. Procuran desarrollar la tolerancia frente a nuevos escenarios y mantener una mente despierta durante el mayor tiempo posible, gestionando la ansiedad que produce el temor a equivocarse.

Y finalmente estaba yo, justo allí en medio del camino con la mente en blanco y el corazón inerte de emociones, obcecada por continuar mi trayecto.

Pasaron algunas horas, y el sol esplendoroso mostraba su ímpetu radiante a plena luz del día. Sentía un calor sofocante que pausaba mi aliento y calcinaba mis ánimos. Sin darme cuenta, estaba rodeada de personas que me resultaban ajenas en un mundo que consideraba desconocido y del que había preferido alejarme hasta encontrar mi verdadero refugio.

El trayecto parecía interminable y lo único que tenía en mente era dejar atrás lo que, a mi juicio, no me pertenecía. Me había deslastrado de todo aquello que difiriera mi progreso, por lo que no estaba dispuesta a perder más tiempo, así que, sin demora, intenté continuar, pero mis fuerzas se hacían más escasas y sentía el dolor de mis pies lastimados debido a la fricción inevitable de aquel camino.

Por más que quise, luego de varios intentos por retomar mi ruta, mis pasos quebrantados entorpecían mi andar en aquel sendero que me parecía hostil, empedrado, en medio de la nada. Tropezaba una y otra vez, mis piernas laceradas demandaban una tregua, pero mi alma obstinada me pedía a gritos que corriera a toda marcha hasta encontrar el camino ideal.

En medio de aquel vaivén de personas que avanzaban a mi alrededor con rumbos desconocidos, pensé que tal vez me vendría bien pedir un poco de ayuda. Solo que parecía haber olvidado cómo hacerlo.

Evaluando mis posibilidades y, aunque no me gustaba la idea, con un profundo respiro, volví a mirar a mi alrededor. Probablemente encuentre a alguien que me permita subir a su coche para adelantarme hasta alguna estación. No tenía nada que perder, y no pretendía desviar su recorrido, solo necesitaba salir de allí y, así, además de avanzar, me tomaría el tiempo necesario para sanar mis heridas y recuperar mis fuerzas.

De manera que, reactivamente y en acción inmediata, me dispuse a llamar la atención de alguien de quien pudiera servirme. Así que, recuperando el entusiasmo, comencé a observar cuidadosamente a todo aquel que se acercara y pudiera valer de compañero durante la próxima travesía.

Y así continuó el día. Pasaban las horas, observando detalladamente el transitar de los demás, como buscando coincidir en el rumbo y pensamientos de alguno, pero no tuve éxito.

No me resultaba muy fácil encontrar quien tuviese las características ideales para compartir mi trayecto por muy corto que fuera, y en el momento que creía ver a alguno parecido a lo que esperaba, al acercarse a mí, me daba cuenta de que llevaban un camino que sencillamente no era el que buscaba.

Con el sol ardiendo sobre mis hombros, mis fuerzas desgastadas y mi espíritu sediento de un soplo de esperanza, miré a mi alrededor para grabar en mi memoria cada centímetro de aquel lugar represivo donde juré, desde lo profundo de mi ser, no regresar nunca más.

Avanzado el día, fatigada de esperar y buscar, una y otra vez, sin resultados favorables, me invadía de nuevo esa sensación de vacío que me hacía sentir tan incómoda, e invocaba a mi alma a correr y correr sin parar, como queriendo escapar de todo sin mirar atrás.

Por momentos, respiraba hondo y cerraba mis ojos para imaginarme alejándome velozmente de aquel lugar. Cuando corría, sentía que mi alma se liberaba por instantes de todo aquello que por algún motivo me causaba tormento. Percibía el camino como una película fugaz que dejaba atrás a la velocidad de mis pasos y, en la medida que avanzaba, creía sentirme cada vez más cerca de encontrar aquello que tanto anhelaba.

Pero el tiempo imparable continuaba su trayecto y, al abrir mis ojos, miraba a mi alrededor y me daba cuenta de que, sin mayor cambio y en el pasar de las horas, seguía estando allí, en medio del camino.

Con la tarde nublada que anunciaba la llegada de otra noche fría, con los pies lastimados y el pecho oprimido como si me faltara el aliento, me dejé caer. Sentía mi cuerpo tembloroso, como si se estremeciera cada fibra de mi ser con el estruendo de una gran tormenta; seguramente por el frío, que ya se acentuaba con la ausencia del sol que abandonaba el espacio, o por el cansancio infalible de un largo día en una espera interminable de quien pudiera ayudarme, o, quizás, sin ganas de admitirlo, temblaba, tal vez, por algo de miedo.

Mi mente agobiada por pensamientos llenos de frustración por tantos intentos fallidos se sumergía en un pantano espeso que inmovilizaba mi espíritu y ahogaba mis fuerzas. No podía dar crédito a lo que estaba viviendo, no era justo, no quería estar allí, solo quería avanzar y alejarme del suplicio tormentoso que, sin entender, me perseguía.

Muchas veces, con el miedo latente que nos acompaña en medio de la frustración y el sabor amargo de lo que algunos conocen como fracaso, nos aferramos a la ilusión de poder liberar al superhéroe interior que, sin querer, dejamos atrapado en los sueños de la infancia.

Sentir ahogo, desespero y un tormento constante en los pensamientos son señales de fracturas emocionales que no han sido sanadas y que, sin darnos cuenta, permanecen abiertas en nuestro inconsciente, emitiendo mensajes de auxilio que nos inducen a correr continuamente para escapar de aquello que nos produce dolor.

Por tal motivo, pretender escapar de una situación que nos produce malestar o sensaciones de dolor, angustia o tristeza, no necesariamente representa un acto de cobardía, por el contrario, es un impulso natural de supervivencia procedente del cerebro innato, en el que se desarrollan los instintos de defensa frente a un entorno amenazante del cual, naturalmente, anhelamos huir.

Y así, en el pasar de las horas, el día finalizaba con unos finos rayos de luz que se desvanecían en el horizonte. La bruma fría envolvía el ambiente, y frente a mis ojos pude ver, una vez más, transformar mi escenario en un desolado paisaje arropado por las penumbras que apagaban lentamente mis esperanzas.

Con el ánimo marchito y la extenuación de mis fuerzas, tumbé mi cuerpo desfallecido sobre algunas rocas y, con un suspiro de agonía, mirando al cielo, en un par de minutos, sentí desvanecer mi aliento y elevar mi espíritu, que parecía verme distante como si abandonara mi ser, ahí, en medio del camino con la mente en blanco.

CAPÍTULO 2
UN COMPAÑERO IDEAL

El ambiente era frío y, en medio de la obscuridad de mi aliento, me pareció ver a lo lejos un par de luces que iluminaban el camino, dejando mis ojos enceguecidos.

No lograba distinguirlo, pero escuchaba a distancia el desajuste de su coche que se hacía notar irrumpiendo estrepitosamente el silencio abismal de aquella noche. Parecía tener prisa, y, a pesar de mis señales, no se le veía intenciones de detenerse, así que, desde el fondo de mi alma, me levanté apresuradamente y corrí a encontrarlo gritando ávidamente:

—Para, para, para..., por favor, detente un momento. ¿A dónde vas con tanta prisa? —pregunté mientras saltaba y movía mis brazos para llamar su atención.

Al pasar frente a mí, redujo la velocidad sin detenerse, sacando su mano por la ventanilla en señal de invitación, así que corrí rápidamente y apenas si me dio tiempo de preguntar:

—¿Te puedo acompañar? —dije mientras corría a su lado, y sin más palabras, abrí la puerta, aún con el coche en marcha, y de un fuerte impulso, me subí en él.

Mi corazón palpitaba con fuerza. Volteé mi rostro para observar cómo nos alejábamos de aquel lugar en el que por momentos me sentí perdida, percibiendo el paisaje como un sueño fugaz que quedaba atrás, junto a los tropiezos de ese largo día.

Con el coche en marcha y la brisa fría que rozaba mi rostro asomado a la ventana, pude disfrutar por segundos la ilusión de mis sueños, pues, en la medida que sentía alejarme de aquel lugar, me veía más cerca de mi destino.

Me sentí agradecida por estar en ese coche, así que, girando mi mirada hacia el conductor, con un gesto amable, solo dije:

—¡Gracias! —y suspiré profundamente dejándome caer hacia atrás para recostar mi espalda sobre el asiento.

El conductor sonrió sutilmente en repuesta a mis palabras. Supongo que notaba el desfallecimiento de mi cuerpo, por lo que mantuvo silencio para dejarme disfrutar del encuentro interno con mis pensamientos.

En medio de la obscuridad, intentaba detallar su rostro, y la verdad que no parecía tener las características deseadas, por el contrario, se veía alejado de todo lo que de manera minuciosa había esperado aquel día, pero, aun así, me sentía feliz, por lo que, con un fuerte suspiro, coloqué una vez más mi mente en blanco, posé mi cabeza hacia atrás, cerré mis ojos y me dejé llevar.

En mi mente, desde hace tiempo, había construido una imagen clara del compañero idealizado. Sería una persona que estuviera en acción constante, con una visión objetiva sobre lo que desea, estructurado, sin anclajes del pasado, decidido, impecable, determinante y muy apasionado. Estaba clara en lo que quería y esperaba encontrar a alguien especial para compartir mi camino, algunos le llaman media naranja, y yo lo llamaría mi compañero ideal.

Luego de un par de horas, recreando mis pensamientos en anhelos futuros, dibujaba cada detalle de lo que sería mi escenario al encontrar mi camino. Entusiasmada con mis ilusiones, miré a mi alrededor como queriendo indagar sobre el trayecto que llevaría aquel extraño, que parecía presuroso, y pregunté:

—¿A dónde vas con tanta prisa? —dije mientras hurgaba en su rostro con la mirada, como si quisiese descubrir algo más en él.

—Busco a alguien especial —contestó amable, pero, antes de que yo emitiese cualquier palabra, se adelantó diciendo—: ¿Y tú?, ¿de dónde vienes? —me preguntó mirándome.

—¿De dónde vengo? —respondí en tono interrogativo, como enfatizando la pregunta hacia mis propios pensamientos—. ¡Ando en busca de mi destino! —exclamé como si se tratase de una repuesta evidente para cualquier persona.

El conductor volteó de nuevo su mirada hacia mí, y, mirándome fijamente, preguntó sonriente:

—¿Sabes dónde encontrarlo? —dijo alzando sus cejas mientras regresaba la mirada hacia el camino.

Sus preguntas invadían mis pensamientos como si forzaran una puerta clausurada que había olvidado cómo abrir, me hacía sentir incómoda, sin embargo, procuraba mantener mi entusiasmo y parecer simpática delante de él, por lo que respondí cortésmente:

—Creo que me desorienté un poco por la obscuridad, pero estoy segura de que debo estar muy cerca —mencioné con una sonrisa simulada mientras miraba al horizonte como si estuviese segura de encontrarlo allí.

De inmediato, y sin desviar su mirada de la vía, afirmó:

—Sí, lo imagino, la bruma de la noche suele acortar la visión, pero seguro que así será —contestó en una mezcla de tonos entre afirmación e ironía, pero esta vez sin gestos ni sonrisa.

Ambos continuamos en silencio.

Desde mi adentro, procuraba entender sus palabras y, más aún, mis propios pensamientos. Muchas veces, los hechos no siempre resultan de acuerdo al programa que nos hemos planteado. Parece no ser tan fácil, coincidir las características ideales de un compañero que refleje nuestra naturaleza, coincida en nuestra filosofía y claramente conduzca en el mismo sentido que vamos. Hubiese sido ideal, pero, por lo visto, no era mi caso.

Me preguntaba si era excesivo pretender mis expectativas para mi camino, pues no esperaba estar exenta de ese deseo innato que, como seres sociables, nos impulsa a agruparnos para compartir aficiones, temores o intereses comunes, ofreciendo un sentido diferente al propio trayecto y convirtiendo el recorrido en un viaje mucho más placentero.

Es posible que, en ocasiones, sin darnos cuenta, nos veamos envueltos en un perfeccionismo paralizante, sometiendo nuestro propósito a una espera constante del momento adecuado, las circunstancias específicas y una lista interminable de condiciones elevadas que solo retrasan nuestro andar. Sin embargo, había iniciado mi carrera en una apuesta absoluta, en la que valía todo o nada, por la que me había esforzado mucho para avanzar en mi ruta y por lo que, por nada del mundo, estaba dispuesta a permitirme descarriar.

En el abismal silencio de la noche, los ruidos del coche se hacían notar. El sonido estrepitoso era muestra evidente de un conductor descuidado, con poco valor y compromiso al medio que le transportaba.

Sin conocerlo, me atrevía a deducir su naturaleza. Parecía ser de esas personas que van de un lado a otro, como esperando revivir un sueño atascado en algún episodio de su vida. Se veía atento a servir, pero la ausencia de amor propio se manifestaba en su mirada pérdida, y sus manos temblorosas, aferradas fuertemente a ese coche devastado, daban muestra de una historia tormentosa, que, a decir verdad, no pretendía conocer.

Aun así, mi mirada curiosa se desviaba hacia él por instantes. Su rostro indescifrable irradiaba una esencia de espontaneidad y empatía hacia el sufrimiento ajeno, a pesar de llevar una carga enorme escondida detrás de una amable sonrisa que mostraba como armadura para cubrir sus penas.

Con estos pensamientos, se encendieron mis alarmas, pues parecía justamente del tipo de persona que solía evitar, aunque contrariamente, en el fondo, agradecía estar allí. No quería saber su nombre ni de dónde venía, y menos aún hacia dónde iba, y, sin embargo, sentía que teníamos algo en común, nuestro afán por avanzar para encontrar nuestro camino.

La noche avanzaba, hacía frío y mis manos heladas se estremecían entre mis piernas como buscando un poco de calor. En un cerrar de ojos, una brisa misteriosa recorrió todo mi cuerpo, penetrando en mi alma y alterando mi espíritu por segundos, hasta que escuché una cálida una voz que me dijo:

—Tranquila..., estoy aquí —me dijo el conductor, colocando una manta sobre mis manos.

Agradecida por el gesto, abrí mis ojos para cubrir mis brazos y piernas con la manta mientras le sonreía sutilmente.

—¡Parece que ha sido un viaje largo! —exclamé mientras suspiraba y me mostraba dispuesta a iniciar conversación.

—Así es —afirmó el conductor sin ninguna expresión.

Su rostro transmitía una sensación que no me era extraña. Por un lado, parecía ausente de emociones, como si en algún momento le hubiesen arrebatado algo que amaba, pero, por otro, transmitía complacencia, como quien acepta resignadamente las circunstancias sin importar lo turbias que parezcan.

En medio de la penumbra, la ruta cada vez se hacía más dificultosa. Desde mi adentro, y contrario a mis deseos, me parecía que sería bueno parar debido a las condiciones de la vía. Tal vez debíamos revisar el coche y evaluar el estado de la calzada, pues no quería ni imaginar quedarnos varados en medio del camino, y, peor aún, ahora en compañía de aquel extraño que por alguna razón alteraba mis sentidos.

Sin embargo, decidí callar y continuar el trayecto, después de todo, seguíamos avanzando y aspiraba llegar lo antes posible a alguna estación. Además, era él quien conducía y cualquier desvío o incidente en la ruta sería su responsabilidad, por lo que preferí entonces esperar que fuese él quien decidiera qué hacer.

De manera que, alejando mis pensamientos, decidí dar inicio a alguna conversación para animar el ambiente.

—Qué me cuenta de su trayecto, ¿siempre ha viajado solo? —pregunté con una sonrisa.

—No siempre —contestó tajante el conductor sin desviar su mirada del frente y como si no tuviese más que decir.

Suspiré fuerte y me recliné hacia atrás, colocando mi mirada hacia el frente. Me parecía descortés que se mostrara tan hermético ante cualquier intento de cordialidad de mi parte, pues debía estar también agradecido que le acompañara en su trayecto solitario, lleno de suplicios y amargura.

En este punto, era evidente la divergencia entre nosotros, aunque, sin querer asumirlo, ambos parecíamos haber perdido el rumbo en medio del camino y, bajo aquellas circunstancias, como compañeros ocasionales, consideraba que resultaría apropiado amenizar el trayecto, al menos, mientras viajemos juntos.

Mientras pensaba en su odiosa actitud, me acomodaba en mi asiento manteniendo la mirada hacia el frente y me disponía a centrarme en programar mi camino, una vez que lograra retomar mi trayecto. De pronto, escuché su voz como quien hablaba entre dientes, que dijo:

—Tuve una compañera, y era ideal —dijo el conductor en voz baja mientras su mirada parecía perderse en el horizonte—. Ella siempre mencionaba que no teníamos mucho en común —dijo mirándome de reojo mientras continuaba su relato—, pero nos complementábamos en muchas cosas que, aunque parecieran opuestas, engranaban perfectamente haciendo el trayecto mucho más fácil —aludió finalmente mientras dejaba un suspiro acompañado de una leve sonrisa.

«¡Es como si hubiese escuchado mis pensamientos!», exclamé hacia mis adentros.

Me volví a mirarle y, en repuesta a sus palabras, también le ofrecí una suave sonrisa.

—¿Y entonces? —pregunte en voz sutil—. ¿Qué paso? —pregunté mientras giraba mi cuerpo hacia él en muestra de atención a lo que quisiera decir.

El conductor dirigió su mirada hacia mí por unos segundos y dijo:

—Entramos sin querer en una especie de laberinto emocional en el que quedamos atrapados. Sin darnos cuenta, dimos muchas vueltas para intentar salir, pero solo logramos fatigarnos, cayendo en un círculo vicioso de señalamientos inútiles que se convirtieron en barreras, y, sin pensarlo, como acto de supervivencia y en el momento menos esperado, ella decidió correr en busca de su destino —explicó el conductor con una expresión inerte y como tragando grueso mientras seguía con su mirada fija en la vía—. Desde entonces —continuó contando, bajando su mirada por un instante—, voy recorriendo diferentes rutas y ayudando a otros que, al igual que yo, estén a esperas de encontrar su camino, pues, a veces, en un cruce caprichoso de la vida, el trayecto puede cambiar y conducirte por rumbos diferentes que jamás te habrías planteado —terminó diciendo mientras suspiraba profundamente.

Coloqué mi mano en su hombro y, antes de poder mencionar palabra, el conductor irrumpió de nuevo para continuar diciendo:

—En ocasiones me he topado con personas que, aunque no tenían nada que ver con mi ruta, acepté acompañarlas para impulsar su trayecto, aun cuando tuviera que desviar el mío. —Sin querer, explicó seguidamente—: Me he encontrado perdido en recorridos que van en dirección opuesta y, en alguna oportunidad, he tenido incluso que echar marcha atrás hasta encontrar el punto en que desvié mi ruta.

Sin dejarme mencionar palabra, el conductor continuó diciendo:

—Me he sentido frustrado, burlado y hasta abusado por quienes, valiéndose de mi disposición constante en ayudar, solo se han acercado para extraer de mí lo que les fuera útil, saqueando mis recursos para luego despedirse para buscar su rumbo —concluyó diciendo el conductor mientras tocaba su frente y pasaba su mano hacia atrás, frotando su cabeza hasta llegar a la nuca, la cual presionó ligeramente por unos segundos, como un estrechón de apoyo para sí mismo.

Ambos nos quedamos en silencio por un rato.

En mi mente podía imaginar las escenas de quienes han subido y bajado del coche dejando su rastro. Tal vez fueron muchos o pocos, pero han marcado profundamente su huella. Ahora entendía la razón de tal desgaste, pues el vehículo que llevaba, más que para su beneficio, lo ha usado para apoyar a otros que han perdido su ruta..., tal como ahora lo hacía conmigo.

Al fondo, solo se escuchaban los ruidos ocasionados por el desajuste del coche que se hacían más fuertes en cada resalto del camino.

En la medida que avanzábamos, cada tramo presentaba características particulares que dificultaban el paso. Sin embargo, en el afán de continuar, el conductor seguía adelante sin tregua ni descanso, a pesar de las consecuencias evidentes de un transitar con poco cuidado.

Su actitud me conmovía, pues quizás quería avanzar a toda costa para recuperar lo perdido. Pero su osadía también me resultaba amenazante frente a un peligro inminente que, por descuido e irresponsabilidad consigo mismo, parecía no percibir.

Las condiciones de la ruta y el mal estado en que se encontraba su coche seguramente pronto nos obligarían a detenernos. Sin embargo, me quedé en silencio.

Sumado a esto, se me hacía complicado entender, además, cómo es que, con su experiencia, aún conservara el ánimo de permitirme acompañarlo a pesar de todo el daño que antes otros le habían ocasionado. Por un momento sentí una gran compasión y un profundo agradecimiento por estar allí, aun cuando seguía sin entender muchas cosas.

Mientras avanzábamos, llegaban a mi mente las escenas de búsqueda incansable que había vivido durante el día, esperando encontrar las características ideales de un compañero que permanecían completamente opuestas a este desconocido.

Pero, aun así, quizás en el fondo, su historia no era tan contraria a la mía. Ambos estábamos determinados a encontrar lo que habíamos perdido, solo que, a diferencia de él, me caracterizaba por tener una visión objetiva y estructurada para orientar cada paso y no compartía su manera descuidada de manejar las situaciones que, a mi juicio, conducirían a una catástrofe inminente en la que no quería participar.

En mis pensamientos reafirmaba la razón por la que prefería andar sola. Aunque parezca egoísta, no estaba dispuesta a desviar mi camino y menos para cargar con el peso de alguien más, pues ya bastante tenía con mis pies aún adoloridos que necesitaban cicatrizar antes de pretender continuar por mis propios pasos.

Hasta entonces, prefería tomarme el tiempo para encontrar, quizás, un compañero decidido, determinante, con una ruta clara y un coche en buenas condiciones que nos permitiese avanzar y disfrutar del trayecto de una manera diferente.

Imaginaba compartir el camino con un compañero sin complicaciones ni sobrecargos, orientado incluso por nuestras aspiraciones y sueños comunes. No era mucho pedir y, además, sería una experiencia fantástica, pues creo que solo así podría construir una verdadera historia bonita.

CAPÍTULO 3
¿QUÉ HAY EN TU EQUIPAJE?

El viaje continuaba en silencio. Unos finos rayos de luz comenzaban a iluminar el paisaje que, gloriosamente, aparecía frente a nosotros.

Mis ojos fascinados disfrutaban de la escena transformadora de la naturaleza, en el que el sol asoma su esplendor para desvanecer a su paso las esculpidas sombras de la noche.

—¡El amanecer siempre llega! —exclamé mientras suspiraba profundamente.

Con la llegada del día, se recargaba mi entusiasmo y percibía el momento como una página en blanco que enterraba en el pasado cualquier evento sucedido para comenzar a escribir las nuevas líneas de mi historia. No necesitaba mirar hacia atrás, me bastaba con repasar mis sueños delineados tantas veces para recuperar el ánimo y retomar mis fuerzas, mi pasión y disposición constante para alcanzar mis metas.

Vacié mi mente, una vez más, para observar los colores en sus diferentes matices y escuchar el sonido sibilante del viento que se desliza entre los árboles moviendo sus hojas como un acto de reverencia; veía las aves revolotear sus alas para alzar su vuelo hacia un cielo cargado de nubes que parecían dibujadas con miles de mensajes cargados de esperanzas.

Era una escena increíble. Hacía mucho que no me tomaba un tiempo para admirar un espectáculo como ese, incluso creo que hacía mucho que no permitía parar o interrumpir mi camino por nada, y peor aún, hacía mucho que había perdido la confianza en que alguien pudiera conducir mi ruta, dejando a su criterio la dirección del trayecto sin saber el rumbo que tomaría.

Giré mi mirada hacia el conductor desconocido y pensé que, aunque en este caso las circunstancias parecían no ofrecer otra elección, sin mayores opciones, simplemente estábamos allí, recorriendo el camino con un amanecer estupendo y unas ganas enormes que coincidían en avanzar para encontrar nuestro destino.

Ahora podía ver su rostro, y en él pude notar los rasgos de la experiencia acumulada a través tiempo. Parecía del tipo de persona que, sin palabras y con una suave sonrisa, transmitía simpatía y una sabia sencillez que, pese a mis juicios anteriores, me cautivó en ese instante.

Su aspecto era agradable, sus ojos reflejaban una misteriosa sabiduría y sus manos toscas revelaban su laboriosidad constante. Tal vez me había precipitado en juzgarlo al inicio de nuestro encuentro, tal vez el cansancio y la obscuridad habían distorsionado mi visión sobre quien me había rescatado de aquel lugar que había jurado dejar atrás.

Suspiré profundamente y, con una leve sonrisa, le miré con agrado, sin mencionar palabras. Él hizo lo mismo, con una sonrisa en su rostro me miró profundamente, con una conexión sorprendente a mis pensamientos.

Era un día esplendoroso y los ruidosos desajustes del coche ya no me incomodaban, pues, aunque sabía que en algún momento podían retrasar nuestro camino, preferí centrar mi atención en disfrutar del trayecto.

Entonces le pedí al conductor que contara sobre sus aventuras de viaje, a lo que concedió amablemente iniciando sus relatos sobre el transitar en múltiples rutas llenas de experiencias con incidentes llenos de emoción.

Eran anécdotas increíbles. Había desviado su ruta muchas veces con compañeros de camino que subían y bajaban en cada estación. Disfrutaba de cada encuentro y de cada despedida. Agradecía los aciertos y bendecía los desaciertos. Me contó de sus enojos, de sus alegrías y, sobre todo, del aprendizaje que ha tenido de cada experiencia vivida. Decía que, para él, el odio y el rencor le resultaban un desperdicio de energías y se esmeraba cada día por disfrutar del trayecto sin preocupaciones inútiles de un futuro probablemente incierto.

Lo escuché con atención y me sentía cautivada por cada uno de sus episodios, dejando a un lado, por un momento, todos esos fundamentos estructurados en los que solía basar mi transitar.

Habló de sus reflexiones sobre la gran historia de la vida, concebida como un viaje con propósito, en el cual vamos acumulando experiencias que moldean la esencia de lo que fuimos, lo que somos y lo que seremos. También mencionaba los obstáculos superados, como una pantalla que nos revela las verdaderas bases de la personalidad regida por nuestra consciencia.

Sus palabras parecían fascinantes. Sin embargo, había cosas de su filosofía que no compartía, como la vulnerabilidad del ser, a consecuencia de temores inducidos por la inseguridad en sí mismo, y la incertidumbre de lo desconocido. Por el contrario, mis ideologías se inclinaban más hacia el poder de las decisiones, donde cada quien tiene la libertad de elegir entre lo que quiere o no para su vida, incluyendo, principalmente, nuestros pensamientos.

Además, si algo he aprendido de las emociones es que te conducen por caminos peligrosos que confluyen en terrenos ambiguos y empañan la visión, dejándote atrapado en medio de un miedo paralizante que te impide avanzar hacia el siguiente paso.

Y así, entre el hermoso paisaje y el ir y venir de mi mente, ahondando en mis reflexiones, continuábamos nuestro trayecto. Me sentía bien, había renovado mis energías y mis pies estaban listos para poner en marcha mi propio andar. Sin embargo, me sentía a gusto. Me resultaba cómodo el hecho de poder recrearme en mis pensamientos mientras avanzaba y tener tiempo para apreciar con detalle cada tramo del camino. Entonces, decidí quedarme.

Mientras avanzábamos, me dispuse a observar lo que había en el interior del coche. Quería conocer más acerca de mi nuevo compañero, y me dispuse a mirar con atención todo lo que le llevaba, pues, en cada detalle que veía, parecía estar escrita una gran historia.

Giré hacia atrás, en el interior del coche, y me sorprendió ver la cantidad de trastos que ocupaban casi todo el espacio. Supuse que era parte de su equipaje o tal vez objetos adquiridos durante el viaje. Parecían ordenados de tal manera que no necesitaba voltear para revelar el contenido de cada uno.

—¡Llevas mucho equipaje! —exclamé con asombro mientras acomodaba mi postura para escudriñar con la mirada lo que había en la parte posterior—. Debe haber sido un trayecto muy largo —agregué con una sonrisa, y pensaba en lo osado que implicaba acumular semejante carga para llevar en un coche casi inservible.

Había cajas de diferentes colores y tamaños, algunas con desgaste en diferentes niveles, otras muy bien conservadas, por lo que, acto seguido, mencioné:

—Imagino que tendrás mucho que contar —acabé diciendo mientras le sonreía con una mirada ansiosa y en espera de reiniciar una nueva conversación.

Lentamente volteó su mirada hacia mí y, con una sonrisa, mencionó:

—Allí sí que hay historias —dijo mientras seguía conduciendo dejando escapar un gran suspiro, como armando en su mente cada episodio.

Su rostro parecía sereno, las expresiones en su mirada señalaban la manera en que se remontaba en los recuerdos, transportándose hacia el pasado y reviviendo aquellas emociones que envolvían de manera protagónica cada escena vivida.

—Cada cajita que ves allí contiene una parte de mi historia —mencionó el conductor sin voltear la mirada, y continuó explicando—: Cada etapa de mi vida es una muestra de las emociones que manifiestan nuestra capacidad de reacción en un momento determinado, en el que influyen las circunstancias, los personajes y las condiciones propias de cada experiencia. Así, en la aventura de nuestro viaje, percibimos un vaivén de emociones que aparecen y desaparecen frente a cada eventualidad vivida. Estos episodios son conocidos como *vivencias,* almacenadas en nuestra mente a través de los recuerdos.

—Y cada caja que llevas allí, ¿es un recuerdo? —pregunté atenta a sus palabras.

—Son vivencias almacenadas en los recuerdos de mi historia —respondió el conductor con nostalgia.

—¡Son muchas vivencias! —exclamé con asombro mientras recorría cada una con mi mirada curiosa—. ¿Y para qué las guardas? —pregunté—, ¡debe pesar mucho para las condiciones de este coche! —exclamé mientras señalaba alrededor como mostrando los desperfectos del vehículo que nos transportaba.

—Las guardo para no olvidar quien soy y de dónde vengo —respondió con un tono sombrío sin voltear su mirada. Así, continuó explicando, mientras yo escuchaba atentamente—: Cada una de ellas es una parte de mí, es la esencia de lo que soy, la base de mis sueños y decisiones que he tomado desde niño.

En ellas conservo la alegría y la tristeza, el odio y el amor, la culpa y la esperanza —concluyó el conductor, como queriendo refugiarse en un trago amargo, ahogado en el silencio.

—¿Y el miedo? —le pregunté con incertidumbre—, ¿también guardas el miedo en una de tus cajitas? —pregunté de nuevo sin quitar la mirada de sus ojos, como tratando de descifrar sus pensamientos.

—Durante mucho tiempo —replicó el conductor—, el miedo ha sido mi compañero eterno —mencionó entre dientes como una declaración vergonzosa que lo ataba a un laberinto de emociones en el que parecía estar perdido.

Sus palabras, esta vez, retumbaban en mi mente como una mezcla confusa entre la consciencia y la razón.

Estábamos a plena luz del día y el sol radiante iluminaba en su máximo esplendor. Sin embargo, en su mirada parecía como si estuviera viendo un paisaje sombrío con escenarios turbios que agitaban su mente y alteraban su espíritu sosiego.

Me mantuve un rato en silencio. No quería perturbarlo, pero pensaba que, si en algo podía retribuir el haberme rescatado de aquel lugar, sería quizás ayudándolo a liberar todo aquello que le oprimía, pues ya bastante teníamos con tener que lidiar con los desajustes del coche y la notable diferencia de enfoques que evidentemente había entre nosotros.

Por alguna razón me sentía muy bien estando a su lado y hasta comenzaba a disfrutar del trayecto, pero mantenía en mi mente mi deseo por encontrar mi destino, y ahora que sentía que habíamos avanzado, en mi interior, no estaba dispuesta a bregar con angustias ni pesares ajenos que descarriaran mi travesía.

Mientras avanzábamos, quería regocijarme en el paisaje y por momentos procuraba desconectar mi mente para recrear nuevas escenas e imaginar cómo se sentiría vivir una verdadera historia bonita.

Por instantes, volteaba mi mirada para ver su rostro. Al verle conducir, no podía evitar imaginar el torbellino que había en su mente. Percibía su trayecto lleno de episodios cargados de emociones que emergían desde el pasado y que, inevitablemente, alteraban su presente. Esto daba repuesta a la razón por la cual parecía haber dado tantas vueltas sin encontrar su rumbo.

Las horas pasaban rápidamente y el calor del día se hacía ofuscante. Los encandilados rayos de sol cegaban la visión sobre la vía que simulaba emanar vapor desde la superficie. El paisaje ahora parecía estático, como una pintura estampada en un cuadro, debido a la ausencia del viento que se podía notar en las hojas quietas.

En un nuevo intento de romper la rutina del silencio, aun con el coche en marcha, miré de nuevo hacia atrás y, en el fondo, noté una cajita pintoresca en colores desgastados por el tiempo, mi incliné por encima del asiento para alcanzarla con mi mano y, llevándola al frente para detallar sus líneas divertidas, pregunté con intriga:

—¿Qué guardas aquí? —dije mientras dirigía mi mirada hacia su rostro con un gesto de curiosidad acompañado de una amable sonrisa.

El conductor volteó a mirarla y, con expresión de ternura, respondió:

—Los recuerdos de mi infancia —mencionó manteniendo sus manos al volante—. La niñez es una de mis etapas favoritas en la que prevalece la inocencia —agregó el conductor, generalizando su relato—. Se caracteriza por un amor profundo expresado por medio de la alegría y la curiosidad constante por conocer un mundo nuevo que motiva a incursionar en todo lo desconocido. Allí almaceno gratos recuerdos de lo que fue mi hogar, la raíz de mi esencia, el nacimiento en un hogar humilde, pero con grandes valores que impulsaron mis primeros pasos. —Luego de un suspiro, acompañado de una tierna sonrisa, continuó diciendo—: En esa caja conservo la alegría, así como el poder de los sueños que me hacían capaz de volar por encima de cualquier escenario tormentoso.

»Recuerdo que me encantaba trepar hasta la rama más alta de los árboles para ver todo desde un escenario superior que me hacía creer que nada podría alcanzarme —dijo mientras aparecía un brillo radiante en sus ojos—. Cuando viví esta etapa —enfatizó de nuevo el conductor mientras volteaba su mirada hacia mí—, percibía las cosas a través de una fantasía pintada en muchos colores. Sentía que, si cerraba mis ojos, el mundo se paralizaba y, a través de mis sueños, cuando tuviese miedo, podía correr hacia un refugio interno con la esperanza que, en el minuto siguiente, desapareciera aquello que me atemorizaba y todo volviera a ser como antes.

Durante su relato, su mirada parecía perderse en el horizonte. Era como, sin necesidad de mirar atrás, pudiera recorrer detalladamente el contenido de cada cajita desgastada en la que guardaba los recuerdos atesorados de su existencia.

Su rostro risueño daba señales de entusiasmo, por lo que, en silencio, me mantuve atenta para escuchar lo que decía:

—Luego llega la adolescencia —enfatizó de nuevo con un suspiro mientras volteaba levemente su mirada, como invitándome a buscar la siguiente caja, y continuó contando—: Aquí comienza a crearse un mundo de confusión en el que un día nos damos cuenta de que ya no somos niños, pero tampoco somos adultos, y eso definitivamente es un tema muy complicado —dijo el conductor. Y mirándome de reojos, sonrió—. En esta etapa nos encontramos con dos realidades, la nuestra y la que impone el mundo que habitamos —indicó además con un tono de desconcierto—. Y es aquí donde inicia el laberinto de emociones —señalo de nuevo el conductor, recalcando con su dedo índice, lo que decía—. En mi experiencia —agregó nuevamente afirmando levemente con su cabeza—, sin darme cuenta, asumí una posición de defensa hacia todo lo que me rodeaba, seguido por actos de rebeldía y emociones descontroladas, como resultado del estado de vulnerabilidad e indefensión en el que muchas veces me sentí inmerso. De hecho —continúo diciendo mientras sujetaba el volante fuertemente—, gran parte de las marcas de mi vida han sido provocadas durante esta transición en la que muchas veces me vi frente a escenarios turbulentos que resultaron completamente contrarios a lo que desde niño había soñado... fueron momentos duros —concluyó.

Mientras lo escuchaba, le veía como mantenía su mirada fija hacia el frente, no sé si observando la ruta o quizás buscando perderse en sus recuerdos.

Antes de poder mencionar palabra, el conductor continuó diciendo:

—Fueron muchas las ocasiones en que me sentí acompañado por una profunda soledad, divagando de un lado a otro con esa sensación de autonomía que ofrece la juventud. El vigor y la fuerza que protagonizaron esa etapa, sumado al ímpetu de mis emociones descontroladas, me condujeron a construir una muralla interna que me rodeaba, aislándome de todos y quienes, con juicios u opiniones ausentes de empatía, pudieran señalarme y quisieran hacerme sentir pequeño delante de ese mundo enorme que parecía aplastar mis sueños.

Un momento de silencio arropó el ambiente mientras su mirada parecía fija en la nada. Su rostro cambió, ahora reflejaba un vacío emocional que me identificaba, y, colocando mi mano en su hombro, pregunté mientras frotaba su hombro:

—¿Y qué hacías dentro de esa muralla?

—Continuar creciendo —me respondió el conductor sin parpadear.

Sus palabras retumbaron nuevamente en mi alma.

Procuraba aprender de su experiencia, sin juicio alguno, pero no podía dejar de preguntarme: ¿por qué cargar con esas cajas que almacenan tanto peso del pasado?

La tarde avanzaba con rapidez, igual que mis pensamientos, y mientras lo escuchaba, observaba el resto de las cajas que había acumulado durante su viaje. Durante las siguientes horas, el conductor me habló sin parar del contenido de cada una de ellas, en las que, asombrosamente, llevaba consigo los anhelos marcados de cada episodio de su vida, atados a una gran frustración por no haber alcanzado muchos de ellos, sumado a una carga de culpa y arrepentimiento que, de vez en cuando, le sobrepasaba.

Fue así como entendí que los recuerdos pesan como piedras cuando están anclados a un sentimiento del pasado y, sin darnos cuenta, inutilizan nuestra capacidad de acción, consagrando nuestra atención a episodios imaginarios, apartados de nuestra realidad presente.

En sus relatos, el conductor explicaba que la culpa y el arrepentimiento aparecen con un estandarte al frente de nuestras vidas para determinar y señalar nuestras acciones sobre lo que pudimos y no hicimos, o sobre lo que hicimos y no debimos, buscando flagelar una y otra vez el accionar de ese niño, de ese adolescente, o de ese joven, que, en su momento, solo fue capaz de reaccionar conforme a las circunstancias y el conocimiento que lo acompañaban.

Mencionaba además que, cuando tomamos la decisión de sentirnos víctimas o héroes de lo sucedido en cualquier etapa, damos paso a un proceso de juicio interno sujeto a creencias aprendidas desde la infancia que contaminan el presente con pensamientos sumergidos en un río de continuos lamentos y, en el peor de los casos, en conductas autodestructivas que conducen a un laberinto emocional del que muchas veces no logramos salir.

«¡Es un trayecto increíble!», exclamé en mis pensamientos. Jamás me habría imaginado que, en el interior de aquel coche deteriorado y ruidoso, escuchara por primera vez, en lo que parecía ser el relato de un compañero improvisado, una muestra real de los mensajes que emanan de la consciencia perdida.

Sus palabras no dejaban de llenar mi asombro al descubrir la sabiduría contenida en ese cúmulo de vivencias almacenadas en la carga de su pasado.

Con el día avanzado, mientras escuchaba con atención cada frase de aquel que parecía ser mi nuevo maestro, en mis pensamientos no dejaban de repasar aquellos conceptos que antes había establecido como base para mi camino.

Desde hace tiempo y contrario a su experiencia, había decidido mantener mis manos vacías, sin peso ni carga que entorpeciera mi andar, por lo que procuraba proyectar mi recorrido en función de estrategias que condujeran por rutas predecibles, ausente de obstáculos sorpresivos y evitando, a toda costa, el agobio indeseado de encontrarse atrapado en medio de un laberinto.

En silencio observaba a mi compañero y le percibía abrumado, a través de su mirada, por una gran batalla emocional que parecía librarse dentro de él.

Sondeando en mi mente sobre mis puntos de vista, definía las emociones como un invitado ocasional que aparece y se comporta en obediencia a nuestros pensamientos.

Con un enfoque mucho más pragmático, pensaba que, si nos mantenemos anclados a un episodio de nuestra vida, estaríamos sumando al presente la carga emocional que este conlleva, adicionando, a su vez, los juicios sobre lo que creemos que debería haber sido y no fue, generando, además, sentimientos de culpa, arrepentimiento y frustración que en realidad están basados en escenarios que, muchas veces, solo existen en nuestra mente.

Así, sin darnos cuenta, la carga emocional acumulada en el interior de cada uno genera un debate interno que nos convierte en esclavos de pensamientos, en su mayoría del pasado, que han sido fijados como parte de nuestras creencias, que, a su vez, nos inhiben de disfrutar plenamente del presente.

En sus palabras procuraba mostrar su convicción por avanzar, pero intuitivamente podía ver en él una gran ceguera causada por una montaña de sentimientos anclados a un círculo vicioso que recorría una y otra vez, negando las opciones de encontrar un nuevo camino, lo que, a decir verdad, me hacía sentir muy incómoda.

La tarde se alejaba para dar paso a una nueva noche. Los rayos de sol se desvanecían al horizonte y mis manos comenzaban a percibir, de nuevo, el frío penetrante que se hacía presente en la medida que avanzaban las horas.

Dejando a un lado mis pensamientos, me dispuse a retomar la conversación.

—¿Y dónde dejas tus cajitas cuando sales a explorar nuevas vivencias? —pregunté con una sonrisa y un tono medio burlesco.

—Siempre las llevo conmigo —contestó con una sonrisa afirmativa, pero complaciente, y continuó diciendo—: He dado muchas vueltas y visitado muchos lugares, pero no puedo desprenderme de lo que soy. Somos lo que vivimos, y nuestro pasado, nos guste o no, está anclado a nuestro transitar a través de las vivencias que le dan soporte a nuestro andar —mencionó en tono reflexivo con una mirada determinante sobre el punto en cuestión.

—Igual creo que has perdido mucho tiempo —repliqué irónicamente mientras acomodaba mi postura hacia al frente y cruzaba mis brazos entre mi pecho para expresar en tono muy acentuado mi punto de vista, y continué diciendo—: Luego de tantas vueltas e increíbles vivencias con compañeros que suben y bajan, añadiendo cargas inútiles en cada huella evidente que dejan al pasar, haciendo crecer tu montaña de recuerdos que, claramente, no sueltas porque son tu esencia y parte de ti..., y todo... ¿para qué? —pregunté al conductor mientras giraba mi rostro para mirarle fijamente, y continué diciendo⊠: Si, al final, te veo solo, con un notable desgaste que enturbia tu presente y que en realidad es lo único que vale porque, te guste o no, es lo que verdaderamente te pertenece —terminé diciendo en tono concluyente mientras le veía con pena volviendo la mirada al frente.

Su rostro cambió al escuchar mis palabras que desbordaban una réplica marcada de un juicio soberbio sobre sus acciones, y, con un fuerte suspiro, levantó su barbilla y guardó silencio.

Los minutos siguientes se hicieron eternos.

La armonía del ambiente parecía desvanecerse junto a la calidez del día, que abría paso a la fragante noche, acompañada de una densa oscuridad que cegaba nuestra visión sobre lo que teníamos al frente, pero, además en ese instante, también nos cegaba de lo que llevábamos por dentro.

Así, en el silencio desbordante de mi compañero, se reflejaban emociones envueltas en recuerdos que llegaban a mi mente, trasladándome a un lugar obscuro y temeroso que suponía desconocer, pero que, de alguna manera, sentía que también formaba parte de mí.

Sentí pena por él al percibir su carga enorme y aplastante. Me parecía un ser noble con buenos sentimientos y un compromiso ávido por sostener la responsabilidad hacer feliz a otros, como si tuviese que pagar una deuda eterna, pendiente de un pasado que, inexplicablemente, aferraba a su presente.

Quería ayudarlo, pero, en algún momento del trayecto había decidido vaciar mi mente para emprender una nueva ruta sin anclajes ni sobrecargo. Había perdido y corrido demasiado, lastimando mis pies y apostando toda mi energía a una sola meta, encontrar mi camino; y por más que me conmoviera su relato, no estaba dispuesta a desviar mi atención por quien no pareciera ser capaz de encontrarse ni a sí mismo.

El frío era penetrante y el inicio de una larga noche se hacía presente en medio del ir y venir de mis pensamientos que parecían atrapados en un témpano de hielo, dejando ver solo el reflejo de mi personalidad soberbia, egoísta y centrada en un único fin..., construir por mí misma una verdadera historia bonita.

SEGUNDA PARTE

EL ATASCO

Caminar con los ojos cerrados es peor que andar ciego.

CAPÍTULO 4
UN EVENTO ANUNCIADO

El ambiente ahora estaba completamente nublado. Mientras avanzábamos en el camino, apenas si podía ver su rostro cansado por un largo viaje sin tregua ni descanso. Su mirada fija en el horizonte parecía contener sus emociones, alejadas de aquel trayecto que se percibía algo incómodo.

Durante algunas horas, continuamos en silencio avanzando lentamente.

La noche avanzaba y la bruma espesa descendía cada vez más, como anunciando un viaje que advertía ser turbulento, acompañado de los desajustes del coche que se hacían notar cada vez más fuertes.

Sin embargo, era evidente el afán por continuar, pues, sin mencionar palabras, el conductor agudizaba su vista hacia el frente como procurando penetrar su visión entre la niebla para descifrar el camino.

Ambos parecíamos tener claro nuestra determinación por avanzar en la ruta, dejando a un lado la más mínima intención de detenernos.

En mi mente sabía que no sería fácil y, después de todo, creo que nunca lo ha sido. Por el contrario, pienso que esos momentos de tensión son los que tal vez marcan la pauta principal de la historia en la que solo se muestran dos opciones: te detienes o avanzas; y yo, desde antes, había optado por avanzar.

Mientras recorríamos el trayecto, los baches en el camino nos hacían brincar una y otra vez junto a todo lo que cargábamos. El movimiento abrupto hacía que todo rebotara de un lado a otro sin poder contener nada en su lugar y, aun así, continuábamos afanosamente.

En mi interior esperaba que las habilidades del conductor realmente fueran buenas y confiaba en que su experiencia durante largos viajes le sirviera de apoyo para saber qué hacer en estos casos.

Desde hacía mucho tiempo me había acostumbrado a tener el control de la ruta, definiendo la velocidad y eligiendo a mi criterio la forma de avanzar en el trayecto, por lo que no me resultaba cómodo el hecho de depender de las destrezas de otro, pero, en ese instante, no veía otra opción.

De manera que tomé un respiro y me dispuse a colaborar, con lo que estuviese a mi alcance, para disminuir los efectos del camino que evidenciaba ser escabroso. Así que, con caso omiso a aquellas perturbaciones, comencé a recoger todo lo que había saltado, reordenando las cajitas a mi manera de ubicar las cosas.

Observando su dificultad por ver el camino, bajé el vidrio de la ventanilla y, sacando mi cabeza, procuré visualizar con mayor precisión lo que teníamos al frente. Le manifesté lo que veía en medio de la penumbra y quise indicarle sobre algunas señales que anunciaban desvíos por posibles obstáculos, a las cuales, para mi sorpresa y confusión, pasamos inadvertidas.

Al ver su actitud ineludible, me incorporé inmediatamente en el asiento y, mirándole fijamente, hice énfasis en la importancia de prestar atención a lo anunciado, pero mis palabras perecieron mudas y le veía conducir el coche a su ritmo y dirección, haciendo caso omiso de ellas.

Indignada por su falta de atención, volví la mirada al frente, exhalé fuertemente y me quedé en silencio, resignada en mis pensamientos a las consecuencias de sus decisiones, por lo que, sin más opciones, cerré mis ojos y, una vez más, me dejé llevar.

En mi mente tenía claro nuestras diferencias y manera de ver las cosas y, probablemente, había entendido que hay trayectos no deseados que aparecen como escenarios de alerta para poner a prueba nuestras habilidades. Algunos más escabrosos, otros más confusos, pero también es cierto que todos contienen señales que nos advierten sobre lo que, consecuentemente, está por venir.

Me sentía impotente y en desacuerdo absoluto sobre el proceder de ese extraño personaje que, con ínfulas de sabiduría y gran experiencia, parecía no querer discernir la ruta a seguir.

En medio de aquel vaivén de emociones y pensamientos confusos, por primera vez en mucho tiempo, buscaba encontrar sentido al comportamiento humano. Trataba de entender cómo es que, muchas veces, reaccionamos en medio de la angustia, la prisa, el miedo, la confusión o incluso la rebeldía, actuando sin pensar, con caso omiso a ciertos indicadores, y orientando nuestra ruta hacia escenarios turbulentos, consecuentes de nuestras propias decisiones.

En estos casos, es de esperar que los resultados no resulten favorables para lo que nos hemos planteado antes, por lo que hay que considerar el hecho de que caminar con los ojos cerrados es mucho peor que andar ciego, y la apatía solo conduce hacia círculos viciosos que te atrapan sin retorno ni dirección alguna.

Pasado un rato, la bruma comenzaba a despejarse y una luz tenue iluminaba el paisaje en medio de la penumbra. Así, avanzamos en silencio durante un par de horas, hasta que llamó mi atención un escenario conocido que aparecía frente a mis ojos y que se me hacía completamente familiar... No podía creer lo que veía..., estábamos allí de nuevo, en ese mismo lugar al que juré no regresar, en medio del camino.

Mi mente no daba crédito a lo que ocurría. ¿Qué había pasado?, me preguntaba internamente mientras mi mirada recorría todo el escenario. ¿Habíamos rodado todo este tiempo para llegar de nuevo aquí?, ¿al mismo sitio?, me preguntaba desesperadamente con el alma perturbada.

—¡Para, para, para...! ¡Detente, por favor! ¿Acaso sabes a dónde vas? —grité fuertemente alzando mis manos y llevándolas hacia mi cabeza—. ¿A dónde pretendes ir? —pregunté ofuscada, y agregué—: ¡Hemos recorrido un largo viaje con señales al frente que pasaste sin tener en cuenta, haciéndome creer que avanzábamos en el camino! —mencioné en voces descontroladas—, ¿para luego rodar en círculos y repetir de nuevo la misma historia? —pregunté exasperada, tragando grueso y con una desagradable sensación de agonía que comenzaba a extinguir mis fuerzas en medio de una profunda desilusión.

Sentía que, de pronto, me encontraba atrapada en una especie de hechizo o pesadilla en el cual, por más que avanzara, siempre regresaba al mismo lugar. Estaba indignada, me sentía engañada por aquel sujeto que apareció de la nada y, en medio de mi desesperación, me invitó a subir en su coche, a lo cual accedí pensando que me llevaría lejos para encontrar mi destino. Y sin darme cuenta, cómo ni por qué, de pronto estábamos de nuevo allí, en medio del camino.

Su rostro parecía inerte, escuchando mis palabras. Su indiferencia parecía su propósito para desesperarme.

—¿Por qué lo haces? —pregunté con amargura mientras intentaba controlar mi respiración agitada que me saltaba desde el pecho.

El conductor volteó su rostro hacia mí con una mirada compasiva, sin emitir palabras.

Al mirarlo, por un instante, pude ver en sus ojos la extenuación de sus fuerzas a causa de un viaje perenne que parecía sin sentido y acompañado de una pena enorme que le abrumaba.

«¡No he pensado en él!», reflexione internamente.

Un extraño sentimiento invadió mis pensamientos en ese momento. «Tal vez —reflexioné inmediatamente— se escondía en su silencio por sentirse avergonzado al haberse dejado vencer por el cansancio y perder el camino al dejar pasar aquellas señales».

En los minutos siguientes, solo le veía en silencio y, para mi sosiego, buscaba justificar sus acciones a pesar de que, en el fondo, presentía que no llegaríamos muy lejos.

En ese momento y en repuesta a mis conclusiones, respiré de nuevo muy profundo y, con un nudo de pensamientos que nublaban mi mente, me deslicé sobre el asiento dejando caer mi cabeza hacia atrás, ahogando mis palabras ante la flemática actitud de aquel personaje.

Durante los segundos siguientes, escuché un silencio sepulcral. Los ruidos del aparatoso desajuste del coche, extrañamente, habían cesado y el ambiente era funesto como anunciando la llegada de un tormentoso evento.

Por un momento, el cielo parecía haber perdido sus estrellas, la luna se ocultaba detrás de nubes negras que convertían el paisaje en un escenario tenebroso.

Hacía mucho frío, pero no un frío cualquiera, era un frío conocido que penetraba más allá de los huesos, que llegaba hasta el alma dejando a su paso un aire helado que entumecía mi espíritu, inmovilizando mis ilusiones y cegando cada vez más mis pensamientos hasta dejarlos en blanco por completo.

En un instante, tumbada en el asiento y en medio de un extraño torbellino, sentí los latidos de mi corazón que se hacían cada vez más débiles y me aferraba a mi aliento como queriendo contenerle dentro de mi cuerpo. Volteé mi mirada hacia el conductor, como quien se siente atrapado en una pesadilla con su voz enmudecida, queriendo gritar para pedir auxilio, pero sin emitir palabra.

Me sentía desvanecer junto a mis sueños, cuando, de pronto, en un segundo de abrir y cerrar de ojos, se escuchó un gran estruendo seguido de un fuerte impacto que nos sacudió tempestuosamente, llevándonos a dar vueltas y golpeando contra todo lo que apareciera a nuestro paso, elevando todo por los aires y revolviendo todo lo que estuviera en el interior del coche.

Durante los segundos de turbulencia, llegaron a mi mente múltiples imágenes que removían mis recuerdos al ritmo voraz que zarandeaba mi espíritu anclado a mi cuerpo. La reacción era instintiva de un acto de supervivencia.

En medio del desastre y a raíz de tantas vueltas, echaba mano de todo cuanto pudiera sostenerme. Me sentía volar en medio del vacío hasta que los brazos de mi compañero me alcanzaron para sujetarme fuertemente, llevándome hasta su pecho y cubriéndome con su cuerpo de los agresivos impactos de aquel evento anunciado.

Por fin el coche se detuvo, y luego de segundos interminables de abatimiento y angustia, sin abrir mis ojos, en un instante pude percibir la plenitud de la calma.

Mi mente turbada trataba de entender lo que había sucedido. Estaba junto a mi compañero, adolorida con rasgaduras en mi ropa y en la piel, atrapados en medio de trastes deshechos producidos por un aparatoso volcamiento.

—¿Qué ocurrió? —pregunté mientras trataba de zafarme del cúmulo de cajas desarmadas que nos habían caído encima.

—Creo que nos alcanzó un derrumbe —contestó mi compañero mientras me ayudaba a despejar el espacio para incorporarme en el coche.

—¿No lo viste venir? —pregunté de nuevo inquisitivamente volteando mi mirada hacia su rostro.

—Quise evadirlo, pero no pude —me contestó mirándome y tratando de arreglar mi cabello como gesto de atención.

—Te advertí de las señales —repliqué en tono acusativo mientras me apartaba de su lado y buscaba hacer espacio para sentarme y poder pensar.

Mientras, él me respondió solo con un profundo silencio.

Tal vez no era necesario hacer más preguntas, pensé, porque en realidad sabía lo que había sucedido. Seguramente habíamos sido impactados por algunas rocas que caían estrepitosamente durante un derrumbe anunciado en las señales que pasamos inadvertidamente.

«¡Si tan solo me hubiese prestado atención!», reproché en mi mente. El resultado era evidente ante la desidia de no atender las cosas a tiempo. «¡Se lo advertí!», pensé de nuevo mientras buscaba la manera de salir del coche devastado por aquel impacto.

El dolor que sentía en el cuerpo era insoportable, pero no más que la frustración que tenía al sentirme atrapada entre rocas y escombros en medio del camino.

En mi mente repasaba las opciones que habíamos tenido. «Si yo hubiese conducido —pensé de nuevo—, hubiese tomado una ruta diferente que adelantara nuestro viaje». Seguro que mi compañero tenía dudas para elegir cuál sería la ruta correcta y, a decir verdad, yo también las tenía, pero cuando avanzas y ves que solo logras dar vueltas, es evidente que poner tu mayor empeño no es suficiente.

Sin percatarme, en segundos, reflexioné interiormente sobre aquel evento.

En el trayecto de la vida hay muchos baches que, sin darte cuenta, en un impacto del destino te sacan del camino transformando tus escenarios de un modo inesperado, desviando tu ruta, volcando tus sueños y cegando las esperanzas sin permisos ni contemplaciones.

Por tal razón, detenerse por un momento tal vez pueda resultar una opción válida en la que te permitas, además de respirar y renovar energías, evaluar las condiciones, posibles trayectos e incluso tomar un tiempo para pensar antes de tomar una decisión.

Había conocido a muchas personas que, bajo miles de pretextos, se manejan en modo automático, desgastando sus fuerzas y recorriendo rumbos sin sentidos que, sin darse cuenta, solo los mantienen alejados de sus verdaderas esencias y, sin querer aceptarlo, en ese momento, tal vez yo, era una de ellas.

Aun en medio de esfuerzos quebrantados por salir del coche, continuaba repasando en mi mente los eventos ocurridos.

Había corrido tanto, aceleradamente, en busca de mi verdadero destino, con anhelos de encontrar el compañero ideal y construir mi historia bonita, que en algún momento del camino había dejado mi esencia, pues no recordaba quién era y, además, ya ni siquiera estaba segura de lo que buscaba. Me sentía perdida por fuera, al igual que me sentía perdida también por dentro.

Una vez logrado salir del coche, pude ver, en medio de sombras, el resultado nefasto de aquel incidente. El escenario catastrófico que estaba frente a mis ojos me perturbaba profundamente, pues no era lo que quería, no era lo que buscaba, no era por lo que tanto había corrido y luchado por alcanzar.

Al mirar de nuevo hacia el interior del coche, vi a mi compañero atrapado en medio de una montaña de desechos remanentes de su carga atesorada, queriendo salir sin estropear aún más aquello que tanto amaba.

Quise ayudarlo, pero en mi interior le juzgaba culpable de aquel incidente en el que volcamos aparatosamente, lastimándonos inevitablemente y quedando atascados de nuevo en un lugar que había creído dejar atrás.

Por un momento deseé correr y alejarme de aquel laberinto de emociones que se cruzaban dentro de mí, atrapando mis sueños y aplastando todas mis esperanzas. Estaba obcecada por avanzar, tenía prisa y ya no quería volver a mirar atrás. Sentía el alma vacía y el corazón atascado en un profundo dolor que ahogaba mi aliento, del cual, desde hacía mucho, había intentado escapar.

Sin embargo, en medio de la noche, me encontraba allí, al pie de aquel coche devastado en espera de mi compañero a quien le agradecía el gesto de llevarme con él. En el fondo, le agradecía también por protegerme durante la debacle vivida y su gesto amable de brindar empatía en los momentos de angustia, pero estaba asustada y aturdida con un gran choque de recuerdos que llegaban a mi mente trasladando mis pensamientos a un lugar obscuro y tenebroso al que, definitivamente, no quería volver.

CAPÍTULO 5
UN IMPACTO FRENTE AL ESPEJO

La noche seguía obscura. El frío del ambiente helaba mis manos mientras seguía a la espera de mi compañero atascado en medio de sus recuerdos.

Aquellos minutos de espera parecían eternos, fue como acatar una sentencia dictada por un compromiso fundado en un profundo agradecimiento por su bondad. No podía abandonarlo, o, al menos, no, en ese momento.

Ver a mi compañero allí, aturdido con el alma partida de dolor al encontrarse, en un abrir y cerrar de ojos, rodeado por desechos de lo que fue su tesoro, me condujo a pensar que no vale arrepentimiento por hacer o no haber hecho, no valen las excusas de no saber o no haberte dado cuenta, no vale la culpa por admitir haberse equivocado, no vale explicar que faltó tiempo; allí frente a ese cuadro que conmovió mi alma, me di cuenta de que la factura de la vida llega para cobrar nuestras acciones y toca pagar con aceptación, por lo que, en algún momento, hemos decidido.

Minutos después, aún parada junto al coche en medio de penumbras, sin mencionar palabras, me incliné hacia mi compañero y le extendí mi mano. Sus ojos reflejaban un temor insondable por tener que abandonar todo aquello que había conservado durante años.

Sin embargo, con mi mano extendida y su mirada anclada a la mía, en un gesto de confianza y entrega absoluta, me tomó con fuerzas. Sin desviar la mirada, le sonreí amablemente, y en un ambiente mezclado entre dolor y esperanzas, desenganchó su cinturón apartando de su lado lo que le rodeaba, respiró profundamente, se apoyó en mí y, de un fuerte impulso, desprendiendo sus anclajes, me abrazó con fuerzas y logró salir.

Allí, conmocionados en medio de la nada, agobiados por el incidente, con una mezcla de emociones confusas que recorrían nuestras almas como en un solo cuerpo, con los ojos cerrados y los brazos enlazados que acoplaban nuestros corazones, agradecimos, sin palabras, el habernos encontrado y percibir en un segundo la plenitud de la calma que, quizás sin darnos cuenta, tanto habíamos buscado.

De pronto, un sonido estrepitoso se escuchó desde el cielo anunciando nubes negras que se acercaban velozmente a nuestro encuentro.

—Tenemos que movernos —dijo mi compañero, soltando mis brazos y dirigiéndose a revisar la condición del coche.

—Pero ¿qué hacemos? —pregunté—. ¡Ya se acercan, y pronto comenzará a llover! —exclamé mientras señalaba las nubes negras en el cielo, y lo seguía, dando vueltas alrededor del coche mientras inspeccionaba su estado.

—Vamos a mover el coche para incorporarlo al camino —dijo mi compañero en voz optimista, y comenzó a empujar en dirección a la vía.

Al escucharlo, percibí que algo en él había cambiado, parecía seguro de lo que hacía, pero en mi interior desconfiaba por lo sucedido y su obcecación por avanzar sin atención a las señales. Quería apoyarlo, pero ya no creía en sus palabras, que me resultaban poco convincentes.

Aun así, sin mencionar palabras, comencé a empujar el coche junto a él. Las rocas dispersas en el suelo y la poca visibilidad de la noche hacían que tropezáramos y parecieran cuesta arriba los esfuerzos que, por más que empeñábamos nuestras energías, lográbamos moverlo apenas un poco y además muy lentamente.

No pasó mucho tiempo antes que se comenzaran a escuchar las exhalaciones profundas, intentando empujar todo el peso inerte de un coche devastado, cargado de recuerdos desechos que yacían en medio del camino, con una bruma enorme que nos acompañaba inexorablemente.

—¿Qué tan difícil era prestar atención? —pregunté en voz extenuante mientras empujaba con fuerzas—. ¡Si nos hubiésemos detenido un poco! ¡Si me hubieses escuchado! —repliqué mientras sentía que se desgastaba mi aliento.

En mi mente no podía evitar culparlo por encontrarnos en aquel escenario hostil que, con un poco de atención, nos habríamos evitado. Su actitud indiferente y su paso descuidado frente a las señales inminentes con las que nos habíamos cruzado causaban en mí una mezcla de confusión, rabia y desconfianza que me impulsaban a correr para alejarme de un entorno sombrío en el que me negaba a estar, por lo que no podía disimular mi decepción y chasque por aquel encuentro que, en algún momento, quizás pudo ser ideal.

—Cuando te vi venir —mencioné acentuadamente, soltando el coche por un momento para dirigirme a mi compañero, que continuaba empujando con fuerzas—, a pesar de tus fallas, corrí a tu encuentro con la esperanza de poder apoyarnos para avanzar en el trayecto, pues te vi tan apurado y comprometido con adelantar a toda costa que creí que tenías definido tu camino, y a tu lado tal vez podría encontrar el mío. ¡Pero! —exclamé con ironía—, al subir a tu coche desgastado y roído por tantas vueltas sin sentido, te percibí como un ser débil, temeroso, indeciso, cargado de vestigios de un viaje que se aferra al pasado, entorpeciendo tu camino, sin tomarte un minuto para pensar primero en ti.

»En mis pensamientos —le confesé sin reservas—, te critiqué cada minuto de nuestro viaje, la forma como veo que gastas tus días sonriendo para los demás cuando contigo solo llevas lágrimas que almacenas escondidas en heridas que no has logrado sanar, esperando que, en tantas vueltas, alguien te ayude a encontrar un camino al que no tienes ni idea de cómo llegar.

Mis palabras estremecieron el ambiente y al fondo se escuchó el estrepitar del cielo que coreaba la frustración emanada de mí ser.

Inmediatamente, dejando de empujar el coche, se paró firmemente y, antes de que pudiera pronunciar palabra, escuché decir en un tono muy elevado:

—¡Tú corriste hacia mí porque necesitabas encontrarme! —exclamó el conductor en una explosión de emociones que brotaban desde lo más profundo—. Te conozco —mencionó el conductor, mirándome fijamente a los ojos mientras continuaba diciendo—, no te gustan las pérdidas de tiempo y crees que para todo existe un plan con estrategias, basadas en la practicidad de los hechos en los que solo se evalúan resultados. Por eso siempre buscas correr de un lado a otro, como queriendo escapar, para construir un mundo perfecto, en un futuro cargado de sueños, y despertar en un camino diferente con escenarios llenos de aplausos que solo existen en tu mente.

»Pero aquí estamos de nuevo en medio del camino —seguía diciendo el conductor en tono indignante—, con el alma volteada y la vida vuelta trizas, tratando de empujar con todas las fuerzas para enderezar lo que queda, volver a la ruta y continuar avanzando... ¿Acaso no es eso lo que quieres? —terminó preguntando en tono elevado y con expresiones acompasadas con todo su cuerpo. Sin desviar su mirada y luego de una pequeña pausa, mencionó—: Y si de nuevo pretendes salir corriendo —dijo en tono concluyente—, podrías comenzar por parar..., sí..., parar un minuto, pensar en ti y preguntarte, ¿para qué estamos aquí?

El impacto de sus palabras retumbó mucho más fuerte que el tronar de las nubes negras que se posaban sobre nosotros para descargar una tempestuosa lluvia que, sin saberlo, en los próximos segundos inundaría nuestras almas.

El agua comenzó a caer, y mi compañero rodeó el coche, abrió una de sus puertas y entró en él en busca de resguardo.

Alzando su mano a través de la ventanilla, me invitó a subir, pero esta vez no quise acompañarle.

Aún de pie junto al coche, con el alma estremecida por una estampida de pensamientos, me quedé inmóvil por unos minutos mientras las gotas de lluvia comenzaban a rozar mi rostro y bañar mi cuerpo.

Sus palabras comenzaron a anegar mi mente con episodios difusos en los que me veía correr desesperadamente en círculos, como queriendo escapar de escenas cargadas de frustración, desesperanza y culpa, que representaban momentos difíciles que había preferido olvidar.

En mi trayecto había decidido mantener solo una regla, caminar hacia el futuro sin mirar atrás y mantener mi mente en blanco, sin emociones ni pesares que entorpecieran mis pasos.

Sin embargo, por más que me mantuve siempre en movimiento, corriendo de prisa para encontrar mi camino, no me fue posible escapar de aquellos recuerdos que, sin querer, me alcanzaban en un instante con una carga aplastante que cegaba mi alma y me incitaba a correr de nuevo.

Durante unos pocos segundos, llegaron a mi mente algunas reflexiones que develaban mi alma, como un telón que se abre frente a nuevos escenarios.

Las palabras caían como gotas de lluvia que inundaban mis pensamientos.

Muchas veces, pensé, los obstáculos del camino están anclados a episodios ocurridos en alguna de las etapas anteriores de nuestra vida que, en un impulso involuntario por huir de ellas y el dolor que nos causa, sin pensarlo, nos tropezamos con escenas similares que nos ubican, nuevamente, frente a una emoción transformada en herida y que, por algún motivo o circunstancia, no hemos logrado sanar.

Es aquí donde con frecuencia se escuchan frases como «siempre me pasa lo mismo» o «yo reacciono así y no lo puedo evitar». Estas afirmaciones, que se mencionan como una declaración de hecho, sugieren una carga importante de frustración y culpa que arrastramos desde el pasado, atrayendo episodios similares que convierten el presente en una película repetida que se reinicia una y otra vez hasta que, conscientemente, decidamos parar para reflexionar en quienes somos y comenzar de nuevo.

De esta manera, frente a un episodio frustrante que nos genera incomodidad y angustia desesperada, solemos juzgar el hecho, preguntándonos repetidas veces «¿Cómo llegue hasta aquí?», «¿Por qué siempre resulta igual?», en lugar de preguntarnos, «¿Para qué estoy aquí? ¿Qué necesito aprender de esto?».

En ese instante, aún parada junto al coche con el cuerpo empapado, indagando en mis pensamientos más profundos, me di cuenta de que, en el fondo, ya quería parar..., no quería seguir corriendo de un lado a otro sin sentido, agotando mis fuerzas y desgastando mi aliento en una búsqueda insaciable por encontrar aquel camino que me condujera a vivir esa historia bonita que, por más que buscaba, no lograba encontrar.

De nuevo, me sentía abatida.

Una vez más, como entre muchas otras, sentí que me faltaba algo, aunque en realidad desde hacía mucho tiempo parecía que nada me era suficiente. La inconformidad por el presente vacío que me acompañaba en ese entonces se había apoderado de mi alma temerosa, escondida en anhelos de un futuro incierto que me agobiaba cada día en busca de aquello que, en algún punto, sabía que había perdido.

El frío escalofriante de nuevo se hizo presente helando mis huesos. Sin darme cuenta, las gotas de lluvia que tocaban mi rostro se mezclaban entre lágrimas contenidas por el orgullo inquebrantable que, una vez más, neutralizaba mis pensamientos.

Con mi mente en blanco y el corazón atiborrado de la penumbra tormentosa de aquella noche, caminé hacia el frente para observar a mi compañero que se refugiaba dentro del coche devastado.

Le veía entre el cristal empañado y solo estaba allí, recostado en medio de desechos que le servían de abrigo durante el frío de la noche, evadiendo la tormenta, sin ánimos aparentes de pretender especular sobre el futuro y menos aún de juzgar lo sucedido.

Su rostro se giró hacia mí, y, con una amable sonrisa, me hizo señas como invitándome de nuevo a acompañarlo, por lo que, sin mayor opción, respiré de nuevo, abrí la puerta y subí junto a él.

Durante los minutos siguientes, comenzamos a dialogar sobre las anécdotas del camino. Nos reíamos de las aventuras vividas y lo aprendido de ellas, hasta que poco a poco fue centrando sus ideas a un relato que me resultó familiar y al que, sin interrupciones, me dispuse a escuchar con atención.

—Nací en un hogar humilde —mencionó mi compañero inclinando su cabeza hacia arriba y suspirando profundamente—. Los recursos económicos eran limitados —continuó diciendo— y, sin embargo, crecí con tres grandes tesoros: el conocimiento de los principios divinos, el amor infinito y el valor de la familia.

Seguidamente, mi compañero se acomodó en su asiento, recostando su espalda y alongando su cabeza hacia atrás, como si quiera alcanzar a ver el cielo a través del techo roído del coche.

—En mi niñez —dijo en voz apacible—, me gustaba compartir mis conocimientos y me ocupaba por descubrir el porqué de las cosas para procurar tener siempre una repuesta para todo. La curiosidad y la timidez me caracterizaban durante esa época, y aunque me integraba medianamente con el grupo, prefería apartarme para observar a distancia los escenarios que se desarrollaban a mi alrededor.

»Mi adolescencia —continuó contando mi compañero sin bajar la mirada— fue una época de encuentros emocionales y ansias de independencia frente a episodios tormentosos que frustraron muchos sueños infantiles y que desarrolló en mí una enorme capacidad de afrontar cualquier reto en defensa de la autonomía de mis creencias, valores y pensamientos. Así, aprendí a abrirme paso en caminos escabrosos con una pasión indomable que invocaba mis sueños de conquista y libertad, lejos de territorios hostiles que, alguna vez, marcaron mi alma.

En una pausa, mi compañero inhaló un poco de aire como si le faltara el aliento, y continuó diciendo:

—Luego llegó una época en la que algunas circunstancias me llevaron por un camino que no esperaba, y, sin darme cuenta, me encontré de pronto en un universo diferente, sometiendo mi voluntad a acciones cautivadas por necesidades ajenas a seguir directrices impuestas y adentrarme sin querer en un círculo rutinario que ahogaba cada día mi propia identidad.

»Sin saber cómo ni cuándo —dijo en voz reflexiva—, me había perdido a mí mismo. Había perdido ese temple inquebrantable que me ayudó alguna vez a afrontar el mundo, dejando un vacío que poco a poco se convirtió en frustración, sumergido en un laberinto lleno de recuerdos, de aspiraciones y sueños congelados en el tiempo que se convirtieron en una carga enorme que cegaba mi espíritu y apresaba mi alma.

Luego de una pausa, antes que yo pudiera mencionar palabra, mi compañero continuó diciendo:

—Desde entonces —dijo en medio de suspiros—, continúo en la ruta con aciertos y desaciertos que han dejado su huella dentro de mí, pero también me han enseñado a ser más humano y entender que todo tiene su tiempo y que, por más que corra, es la vida quien se encarga de poner al frente el escenario justo que necesito para encontrarme de nuevo conmigo mismo —concluyó con sus palabras, tumbado en el asiento con la mirada inmóvil que proyectaban sus recuerdos como en una película.

Allí, en esa noche tormentosa, atascados en medio del camino, sentí como cada una de sus palabras irrumpían mi mente, en la que comenzaron a fluir imágenes presentadas como en una película, donde pude ver la inocencia perdida de mi infancia abrazada por la alegría de mis ilusiones; el ímpetu rebelde de mi juventud frenado por el miedo, expresado a través de la ira y una gran incertidumbre que envolvía mis sentidos hasta descarriar mi camino, sintiéndome cada vez más perdida hasta quedar atrapada como en un laberinto.

Fue entonces cuando, como un acto de rebelión frente a la agonía de mi alma, decidí escapar con la mente en blanco para correr sin pensar y abandonar sin piedad mi propia esencia, dejándola atrapada en una ilusión sumergida en una gran carga de recuerdos.

Así, y sin poder evitarlo, los recuerdos me alcanzaban inundando mi memoria de escenas vividas junto a personas que marcaron su huella en mi camino, con vivencias envueltas de intensas emociones que fluían desde lo profundo del alma y se desbordaban a través de pequeñas lágrimas que comenzaban a brotar de mis ojos por todo aquello que había vivido, pues la historia que había escuchado no era más que mi propia historia.

De pronto, un gran silencio arropó el ambiente que comenzaba a despejarse luego de aquella gran tormenta mientras continuábamos en el coche, envueltos en recuerdos devastados por el gran impacto que nos descarrió del camino.

La noche seguía obscura, y mis pensamientos divagaban sobre aquella historia que retumbaba en mi mente una y otra vez, repasando cada tramo del trayecto, corriendo sin parar, escapando de las lágrimas, desvaneciendo las sonrisas, prescindiendo de los afectos y sumergida en un artificio ilusorio rodeada de aplausos que encubrían la vergüenza por mi propio camino.

Conmocionada por los recuerdos, de repente sentí una mano en mi hombro que me apretaba firmemente para llamar mi atención. Alcé mis ojos bañados en lágrimas para ver el rostro de mi compañero, quien, con una sonrisa amable y llena de profundo amor y ternura, susurró:

—Te conozco —me dijo en voz muy suave mientras me miraba fijamente como tratando de escudriñar en mis pensamientos, y continúo diciendo—: Di todo de mí para hacerte crecer, para que fueras fuerte, inquebrantable y mantuvieras siempre la mirada al frente ante cualquier escenario, con la capacidad enorme de crear soluciones antes que enfocarte en el problema, con la tenacidad de caminar aun sin ver el camino y la intuición necesaria para encontrarme cada vez que te sintieras perdida.

—¿Quién eres? —le pregunté en medio del llanto—. ¿Por qué conoces tanto de mí? —insistí explosivamente bajando la mirada para cubrir mi rostro sollozante entre mis manos.

—Soy Tu Yo —me dijo tomando mi barbilla para levantar de nuevo mi rostro hacia él mientras continuaba diciendo—, a quien abandonaste en aquel laberinto y quien te ha seguido a todas partes en busca de un verdadero encuentro, porque tú eres Mi Yo perdido.

Sus palabras no dejaban de sorprenderme. Sentía que cada frase desnudaba mi alma reflejada en sus ojos, como en un espejo que descubría mi verdadera esencia.

De inmediato, pude recordar el inicio de nuestro encuentro cuando, sin soltar mi mano, estuvo conmigo en mis primeros pasos con emociones innatas que moldeaban mi andar y me acompañaban en cada tropiezo, refugiándome en la tristeza, motivándome con la alegría y protegiéndome con la fuerza de la ira, para cuidarme de todo cuanto pudiera entorpecer mi camino.

Acto seguido, miré a mi alrededor y observé todo lo que antes había criticado.

Comprendí que, en ese coche desgastado, repleto de esa carga inútil que ocupaba casi todo el espacio y que apareció de la nada en medio del camino, era en realidad la evidencia de mi nacimiento y el inicio de mi verdadera historia, esa que tantas veces he juzgado, señalando con dureza la indefensión y la vulnerabilidad de mi propia existencia.

Había querido escapar tantas veces que no quería recordar lo que deje atrás, y esa era la razón por la que tampoco me era posible ver hacia adelante.

Mi empeño apresurado no me permitía darme cuenta de que correr sin parar no era más que un acto de negación propia en el cual solo buscaba encontrar en otros aquello que fuera capaz de llenar el vacío profundo que sentía a causa de mi propio abandono.

Mis reflexiones llegaron nuevamente a mi mente para mostrarme que el encuentro consigo mismo es una de las tareas más difíciles que experimenta el ser humano para lograr el equilibrio anhelado, que se suele conocer como felicidad. Este equilibrio viene dado a través del reconocimiento interior de nuestro ser y la aceptación de la carga emocional que nos acompaña, a consecuencia única de nuestras propias decisiones.

Así, cuando nos hacemos conscientes de lo que somos, poco a poco, y como en un acto de magia, se libera el amor profundo hacia nosotros mismos, revelando a su vez el verdadero camino.

CAPÍTULO 6
¿DÓNDE ESTÁN MIS CAJITAS?

La alegría en su rostro iluminaba el ambiente.

Tu Yo permanecía a mi lado, y el sosiego de su alma rebosaba el espacio que, minutos atrás, había estado saturado de incertidumbre, impotencia y frustración a causa de aquel evento que le daría un completo giro a mi vida.

Me resulta difícil explicar lo que sentía en ese instante, estaba como en un estado de catarsis en el cual comenzaban a emerger pensamientos y emociones, reprimidas por mi consciencia, a través de un proceso liberador que me transportaba a un profundo estado de calma.

Ya no sentía prisa. El ritmo cotidiano con el que solía conducirme a diario, casi que con cronómetro en mano, me había permitido contener mis emociones más abruptas, desde el llanto visceral hasta explosiones descontroladas de ira y alegría que muchas veces resultaron inapropiadas.

Ahora me sentía completa. *Tú Yo* me había encontrado, y ahora quería aprender a liberar esas tensiones que tiraban de mis fuerzas, desviaban mi atención y consumían toda mi energía.

Quería conocerlo, y más ahora que por fin había encontrado a mi compañero ideal. Quería escucharlo, saber más de su historia porque, en el fondo sentía que, conociéndolo a él, solo así me descubriría a mí misma.

En ese momento, aún con lágrimas en el rostro y mis pensamientos envueltos en recuerdos que florecían sin parar, miré a mi alrededor en medio de la obscuridad y pregunté compasivamente:

—¿Dónde están mis cajitas? ¿Quieres ayudarme a descubrir lo que hay en cada una de ellas? —mencioné sutilmente mientras procuraba alcanzar una a una, como queriendo armar mi gran rompecabezas

—¡Sí, claro! —mencionó *Tu Yo* mientras se volteaba a mirar, como buscando el inicio de una nueva historia.

Mientras hurgaba entre penumbras, observé todo el daño ocasionado por aquel impacto, lo que me hizo pensar en las críticas frecuentes que solía hacer frente a personas o acciones ajenas, desbordando sobre ellos el dolor almacenado por episodios de culpa, arrepentimiento y frustración originados en mi pasado.

Ahora me doy cuenta de que los escenarios de la vida están llenos de aprendizajes cargados de creencias fundadas en nuestra emocionalidad. Así, cuando observamos a nuestro alrededor, lo hacemos desde una perspectiva interna que solo señala aquello que en realidad llevamos por dentro.

En la medida que abría cada caja, descubría lo fácil que resulta juzgar a nuestros padres, hermanos, familiares, amigos y, sobre todo, a nosotros mismos, señalando, sin piedad, situaciones que acusamos de haber podido ser mejor a lo ocurrido.

He escuchado frases como «eso no debió pasar», «pienso que no debió actuar así» o «yo no haría lo mismo», sin tomar en cuenta las condiciones reales de los hechos y los personajes que lo involucran.

Mis reflexiones ahora me acompañaban constantemente, y para ese momento no pensaba que, cuando juzgamos, lo hacemos desde el presente con vista hacia el pasado, omitiendo que los hechos ocurridos implican una serie de herramientas y conocimientos actuales que, en su momento, seguramente no existían. Por tal motivo, nuestra visión sobre el pasado suele ser muy subjetiva al juzgar el hecho de lo que consideramos que «debería» haber sucedido.

Aún dentro del coche, buscando entre los escombros, vi la caja de los recuerdos y creencias contenidas sobre mis ancestros, principalmente mis padres, a quienes había juzgado y acusado fuertemente por llevar sobre sí el estandarte principal de muchas penas y dolores concebidos desde mi infancia a causa de descuido, ausencias, explosiones emocionales y actitudes que me parecían inexcusables, que propiciaron gran parte de mis heridas más profundas.

Tu Yo tomó la caja de mis ancestros y la colocó en mis manos. Me indicó que recostara mi espalda hacia atrás para tumbarme en el asiento y, con la mente en blanco, permitiera dejar rodar la película de imágenes que surgirían en mi mente en cuanto comenzara a descubrir los recuerdos confinados, en ese episodio, de mi pesada carga.

Copiando mi postura, *Tu Yo* se tumbó a mi lado y comenzó a relatar los hechos de una historia familiar:

—Dos jóvenes comenzaron a explorar sus emociones como una vía de escape a su propia realidad, en la cual, ella (mi madre), cargada de carencias afectivas, ideales quebrantados por escenarios hostiles a causa de la precariedad y la desventura de su corto trayecto, tomó la decisión de refugiar sus anhelos en el amparo quimérico de un chico (mi padre), quien, a su corta edad, solo pensaba en desvelar los misterios de un mundo ilusorio, fundado en los mimos y complacencias de su entorno.

»De allí —continuó contando *Tu Yo* aún recostado junto a mi asiento—, en un acto de liberación y evasiones individuales, el universo colocó en sus manos la tarea sublime de moldear una vida a través del nacimiento de una criatura, en quien, en adelante, pondrían a prueba su capacidad para orientar sus pasos y mostrar los caminos adecuados que ellos mismos no alcanzaron.

»Así —continuó diciendo—, con el tiempo y los recursos disponibles, cada uno ofreció lo mejor que creía tener, transformando sus temores encubiertos en actitudes hostiles como réplicas de su vivencia y en decisiones poco acertadas. Su inexperiencia y frustraciones reprimidas por sueños no alcanzados condujeron al desenlace de una historia no deseada que, como un círculo vicioso, pretendía sin querer repetir su propio ciclo —concluyó *Tu Yo* con el relato mientras esperaba que en mi adentro comenzara a fluir el resto de la historia.

Al escuchar sus palabras, en una pausa de silencio, mis pensamientos comenzaron a recrear aquella escena, contemplando con compasión la historia de aquel par de jóvenes inexpertos que, sin querer ni saber, entregaron su voluntad a episodios inesperados que sorpresivamente cambiaron sus rumbos, convirtiéndolos a corta edad en protagonistas de una película sin guion ni utilería, y que, a pesar de las circunstancias, empeñaron su amor y energías para dar de sí lo mejor que a su juicio podían.

Casi que, de manera inmediata, *Tu Yo* fue tomando una y otra caja, revelando, en cada una, episodios diferentes de todo lo que había creído. Era como rehacer la historia encontrada en aquellos desechos. Asimismo, las imágenes que llegaban a mi mente mostraban una versión distinta a lo que antes pudo haber desencadenado conductas defensivas hacia un escenario lleno de emociones que imputaban mi alma con una carga inútil con la que, sin darme cuenta, había crecido.

Tu Yo alcanzó la caja de la familia, mis hermanos, tíos, primos y otros más cerca o distantes, de quienes he conservado una actitud de rece_o por conductas que me parecían censurables según los criterios que, en mi mente, había escogidos para mi trayecto.

Sin pensarlo, en el mismo instante, comenzaron de nuevo a fluir innumerables escenas con vivencias individuales de aquellos seres que también forman parte de mí, con experiencias de dolor y alegría, enlazadas por el vínculo inquebrantable que representa la familia, en la que cada uno ha experimentado su parte de la historia desde un ángulo y posición no necesariamente igual al mío, con condiciones y escenarios que marcaron su ruta, orientando sus caminos a destinos diferentes como producto de sus propias decisiones.

En tan solo unos momentos, recostada allí en medio del camino, rodeada de recuerdos desechos por aquel impacto que desvió nuestro trayecto, pude entender lo inútil que es pretender escapar de nuestra esencia, es como pretender disgregarse del dolor causado por una herida que llevamos oculta y que, al tropezar con el elemento más insignificante, de manera reactiva respondemos con rechazo, actuando ofensivamente hacia aquello que nos recuerda el sufrimiento que, en realidad, llevamos por dentro.

Durante largo rato, fuimos descubriendo las heridas ocultas de aquella historia cargada de recuerdos que pesaban como piedras enormes, ancladas al dolor y resentimientos que, sin darme cuenta, almacenaba en pensamientos oprimidos por el miedo, la culpa y la frustración.

En los minutos siguientes, me di cuenta de que, durante años, había excusado mis acciones en los señalamientos y acusaciones basadas en el accionar de otros, cuando en realidad lo único que revelaba era el vacío emocional producto de mi propio abandono.

Así, en el calmoso transcurrir de la noche, tumbada en el asiento de aquel coche, se debatían dentro de mi mente aquel cúmulo de creencias sobre episodios lamentables en una historia que, después de todo, parecía no ser real.

Con los ojos cerrados, continué observando internamente mis recuerdos a través de un fluir de experiencias transformadas hacia una nueva versión de los hechos.

En mi mente, poco a poco se abría paso una visión distinta sobre la historia vivida, pero, esta vez, basada en la comprensión y la empatía, orientada hacia el crecimiento interior que, en cada segundo, liberaba mi alma y sosegaba mis temores, revelando dentro de mí la capacidad individual de hacerme conscientemente responsable de mis actitudes.

Ya en lo más profundo de la noche y sumergida completamente en mis pensamientos reveladores, sentí las manos de *Tu Yo* que se posaban sobre las mías. Le respondí con un fuerte apretón como queriendo transmitir mis emociones dilucidadas, por aquel episodio de encuentro, con las bases reales de mi historia.

Lentamente abrí mis ojos y, al mirar a mi alrededor, observé sorpresivamente que las cajas ya no estaban. Esa pesada carga que, en una debacle sorpresiva de la vida, hizo volcar mis pensamientos más abruptos, hasta tocar el fondo de mis temores, como en un acto de magia, aquella muralla de recuerdos tormentosos había caído como piedras que se derrumban a nuestro paso.

En medio de aquella obscuridad tempestuosa que por un instante sentí que sepultaría mi espíritu, en tan solo un momento y una mirada profunda hacia mi ser, los recuerdos funestos que pesaban como piedras se habían esfumado para dar paso a la liberación de mi alma a través del encuentro real de mi historia.

Mis reflexiones me alcanzaron una vez más, y ahora sabía que el proceso de liberación inicia cuando aceptamos que no somos lo que vivimos, sino lo que hemos aprendido de aquello que creemos haber vivido, pues cada escena de la vida tiene diferentes versiones según los juicios y creencias de cada uno de sus protagonistas, y la mía se había transformado completamente

Sin darme cuenta comencé a llorar. Ya no me sentía sola, ahora sabía que mi compañero ideal, conociendo mis debilidades, permanecería a mi lado para cuidarme y protegerme. Sabía que sería capaz de encontrarme cuando estuviese perdida, que estaría siempre allí para compartir mis alegrías, pero también mis tristezas, y que con mirar sus ojos podría, en un instante, transformar mis culpas y frustraciones en el sentimiento más sublime que pudiese existir alguna vez.

En medio de aquella noche, ya despejada por el viento, con estrellas luminosas que bañaban en paisaje con un gran esplendor, me aferré a su pecho, como fundiendo nuestras almas en un solo cuerpo y, a través de sus latidos, percibí el amor más profundo de un gran encuentro..., el encuentro con mi propio ser.

TERCERA PARTE

UN PASO A LA VEZ

La verdadera historia bonita es la que se vive cuando no estamos muertos.

CAPÍTULO 7
¿Y QUÉ HACEMOS CON LAS PIEDRAS?

En los minutos siguientes, me fui sumergiendo en un estado de paz profunda en la que mi alma, despojada de desasosiegos, reposaba en medio de la calma inasequible de aquel camino que, alguna vez, pareció tormentoso.

Mi mente en blanco ya no resultaba producto del abandono, sino del hallazgo más valioso que habría podido experimentar..., el inicio de mi propia historia.

Así, en medio de ensueños, percibí como mi espíritu regresaba su aliento a mi cuerpo desfallecido que, momentos atrás, sentía ahogarse abismalmente en pensamientos ausentes de emoción.

Muy al fondo, escuchaba los latidos de mi corazón palpitar con fuerza, emanando una energía radiante que invadía vigorosa cada fibra de mi ser, recuperando en segundos la vitalidad flagrante que había osado escabullirse en medio de antiguas penurias.

La noche avanzaba y se preparaba para abrir paso a la llegada de un nuevo día. Mi conciencia adormitada percibía la brisa fría que rozaba mi dorso y ondeaba suavemente mi cabello.

Desde lo profundo de mis sueños, moví ciegamente mis manos heladas que palpaban a mi lado, como queriendo encontrar refugio en los brazos de mi compañero. En segundos, mi conciencia alertó su ausencia y abrí mis ojos inmediatamente para verificar lo que no esperaba... estaba sola... tumbada, en medio del camino.

«¿Qué paso?», me pregunté mientras me sentaba alarmada mirando a mi alrededor, entre rocas dispersas que me rodeaban, como si hubiese sido alcanzada por un gran derrumbe.

Tratando de entender lo sucedido, penetraba mi visión entre la niebla de la noche, que apenas comenzaba a disiparse, como queriendo encontrar señales que sirvieran de explicación a lo ocurrido.

—¿Dónde está el coche? —pregunté confundida.

Por instantes, sacudía mi mente buscando discernir, entre penumbras, los recuerdos de aquel lugar al que antes había pretendido dejar atrás, pero estaba ahí, en el mismo lugar en el que juzgué por largas horas el andar de los demás y en el que ahogaba mi paciencia con la búsqueda incansable del compañero ideal.

—¿Dónde está *Tu Yo*? —pregunté alarmada mientras miraba a mi alrededor, llenando mis ojos de desconsuelo, como queriendo negar la posibilidad de haberlo perdido de nuevo.

Aún sin comprender, recordé aquel instante en el que, agobiada, me dejé caer al borde del camino. Mis fuerzas eran escasas y mi cuerpo, junto a mi aliento, se desvanecían en cada segundo..., sin embargo, mi espíritu valiente se aferraba a mi alma y en pocos segundos se había quedado anclado al abismo más profundo de mis sueños.

«¡No puedo creerlo! ¿Cuánto tiempo ha pasado? —pensé—. Todo aquello que he vivido... ¡parecía tan real!», exclamé hacia mi interior con mis pensamientos todavía confusos.

Enseguida mi mente comenzó a abrirse camino, despejando mi memoria. Había intentado alejarme de aquel lugar pensando que, al hacerlo, encontraría una nueva ruta con escenarios diferentes a todo aquello que había decidido olvidar.

Respiré profundamente y, cerrando mis ojos, como queriendo buscar repuestas en mis pensamientos, me di cuenta de que, en mi agonía, mi deseo ferviente por escapar de mis temores me había llevado a recorrer escenas turbulentas que desnudaban mi alma y penetraba en lo profundo de mis sueños, para llevarme, sin querer, a ese laberinto obscuro y tenebroso en el que, alguna vez, me sentí perdida.

Recordaba cada episodio como una película en pleno rodaje. Recordé aquel encuentro inesperado que llegó para develar mi propia historia. Recordé las señales, la frustración, el desespero y el ahogo producido por la impotencia ante lo no deseado.

Recordé también aquel impacto tormentoso en el que, como en una hecatombe de emociones, tan solo en un instante, desencadenó en mí la batalla más grande de mi vida..., la transformación de mis propios pensamientos.

Esa noche, sentada aún entre rocas, en medio del camino, comprendí el verdadero significado de aquel evento. A través de mis sueños, había presenciado el derrumbe de los anclajes de mi pasado, liberando mi espíritu y redimiendo mi alma del sepulcro de mi propia existencia.

Al abrir mis ojos, en los minutos siguientes, pude ser testigo del develar grandioso de un paisaje radiante que se iluminaba frente a mí con el despuntar del alba. La suave brisa que rozaba mi rostro envolvía juguetona mi cuerpo como celebrando la llegada resplandeciente de un nuevo amanecer.

Mi corazón palpitaba con fuerza.

Mi alma confusa recordaba cada palabra de aquel personaje que se volvió parte de mí... y había quedado en mis sueños.

De una manera inexplicable, sentía que había encontrado mi compañero ideal, *Tu Yo*. Su mirada profunda, que reflejaba mi alma, y sus sabias palabras, que despertaban la reflexión de mis pensamientos, eran todo lo que necesitaba para acompañar mis pasos.

Ahora, que había despertado de ese sueño misterioso que me llevo a conocerlo, sentía pena por su ausencia y, sin embargo, desde el fondo de mi alma sabía que siempre estaría allí para encontrarme de nuevo.

Con la llegada del día pude ver, una vez más, el aparecer dinámico del ir y venir de otras personas que recorrían el camino en busca de su destino. Al igual que el día anterior, los vi pasar en distintos coches con características particulares que los convertía en seres únicos como protagonistas de su propia historia. Al observar sus rostros, sorpresivamente descubrí el reflejo de *Tu Yo* que me sonreía desde el transitar de alguno.

¡Me quedé abismada!, y pensé en alcanzarlo para preguntar y decir tantas cosas, pero, de manera extraordinaria, de pronto me parecía verle en todos y cada uno de quienes pasaban junto a mí, así que me quedé paralizada, sin emitir palabras.

Al verle pasar una y otra vez, sin parar, comprendí entonces que no se había ido. *Tu Yo* siempre ha estado allí en cada historia diferente, en cada vivencia por distinta que parezca, en las creencias que juzgo como contrarias, en las visiones que señalo como opuestas, y, en general, en cada persona que, al igual que *Mi Yo*, busca conseguir su propio camino.

Con algo de miedo y en busca de repuestas, miré dentro de mí y descubrí que ya no era la misma, algo en mí había cambiado. Mis pies adoloridos habían sanado y mis heridas desaparecían en la medida que liberaba mi alma del peso enorme de aquella carga que, como rocas gigantes ancladas a una historia nefasta, había almacenado en mi mente, distorsionando el sentido de mi propio trayecto.

Por un segundo, sin querer, al sentir miedo, quise correr de nuevo, pero una fuerza dominante emanada desde el fondo de mi alma frenó mis pensamientos.

«¡Para, para, para..., detente un momento!», exclamé dentro de mí mientras alzaba mi rostro hacia el resplandor del sol naciente, sintiendo la brisa fresca que rozaba mis mejillas como señal de aliento.

«¡Ya basta de correr!», pensé.

Recordaba entonces aquellas escenas llenas de desconciertos y una lista interminable de pendientes que me habían mantenido al borde de la evasión constante de la realidad. Para entonces, permanecía deambulando apresuradamente, con episodios cargados de anclajes emocionales, en reprimenda de la «inconformidad constante» de mi propia historia.

Los conceptos creados en mi mente sobre la imagen «ideal» de lo que «debería ser» me habían incitado a recorrer enormes trayectos, atrapada en un círculo vicioso que se repetía, una y otra vez, hasta consumir mis fuerzas.

Esa mañana, con el esclarecer de mis pensamientos, aún sentada en medio del camino, sentí la necesidad de renovar mi espíritu a través del perdón y la liberación de mi memoria.

Miré a mi alrededor y tomé en mis manos tres pequeñas rocas que yacían inertes junto a mis pies, de apariencia amorfa, texturas rugosas y sin nada particular; decidí grabar en ellas, de manera simbólica, los que hoy defino como vicios del pensamiento que, desfasando mi atención del presente, habían descarrilado sigilosamente mi trayecto, hasta claustrar mi espíritu en un pasado inalterable o en el futuro quimérico.

Seguidamente, comencé a excavar un pequeño hoyo a mi costado. Mientras lo hacía, reflexionaba sobre las tantas veces que, sujeta al miedo, me dejé llevar por juicios causantes de muchas heridas que, alguna vez, aprehendieron mi alma.

Al terminar de grabar los nombres en cada una, las coloqué al fondo del hoyo que había excavado y comencé a sepultarlas con la tierra que estaba alrededor. En la medida que quedaban cubiertas, dentro de mí sentía florecer nuevas creencias basadas en el amor y la compasión.

Ahora, sentía mis manos vacías, mis pies ligeros y mi espíritu preparado para reanudar mi trayecto. Podía mirar atrás y, aunque con algo de temor, emprender un nuevo rumbo que me conceda el placer de disfrutar cada uno de mis pasos.

Entonces, me incorporé, sacudí el polvo, ajusté mi vestimenta y levanté mi rostro hacia el cielo para recibir el resplandor del día que, a partir de aquí, iluminaría mi trayecto. Erguida junto al camino, mirando hacia el horizonte y con mi espíritu sereno, pude experimentar, por primera vez, la armonía de mis emociones y la autonomía absoluta de reescribir en una nueva página en mi historia.

Antes de emprender mi camino, miré hacia atrás, como queriendo fijar en mi memoria aquel suceso transcendental que cambiaría el rumbo de mis pensamientos. De pronto, noté un reflejo sutil y colorido que llamó mi atención. Me acerqué, curiosa, para descubrir de dónde venía y, sorpresivamente, encontré de nuevo tres piedras, pero esta vez eran piedras preciosas que, de manera misteriosa, aparecieron justo sobre el lugar donde yacían los fundamentos causantes de mis viejas heridas.

—Parece como si hubiesen nacido con la liberación de mis pensamientos —me dije asombrada mientras me acercaba a ellas.

Sin vacilar, me incliné para tomarlas en mis manos, tenían diferentes colores, y su apariencia traslúcida reflejaba una gran energía almacenada en su interior, como piedras vivas. De una en una, las levanté apuntando al sol, como queriendo descubrir un gran tesoro.

Las detallé minuciosamente.

La primera piedra era de color blanco con tonalidades rosas. En ella veía el reflejo de mi mirada que penetraba mi mente como en busca de alcanzar el balance y la armonía requerida por mi alma. A esta piedra la llamé «Agradecimiento que nace desde la aceptación real».

En ese momento, el escenario que me rodeaba se transformó frente a mis ojos al ritmo de mis pensamientos. Ahora percibía el paisaje como un regalo divino que señalaba la mayor fortuna que muchos hubiesen deseado no perder..., la vida.

Así, comprendí como el agradecimiento nos enseña a descubrir el verdadero valor del presente, pues, luego de aquella insondable noche, en el amanecer radiante de ese gran día había descubierto el camino ideal, ese en el que brilla el sol que calienta mis manos, en el que siento la brisa que ondea mi cabello, ese en el que puedo percibir el aroma de las flores y en el que puedo elegir meditar bajo la sombra de un gran árbol para decidir el rumbo de mi próximo trayecto... Entonces entendí que el verdadero camino ideal es el que está justo ahora, debajo de mis pies.

Tomé la segunda piedra para observar su propia luz, era de color turquesa y en ella se reflejaba el universo que transmitía el equilibrio entre la sabiduría y la racionalidad. A través de ella percibí el poder de la confianza y las decisiones. A esta piedra la llamé «Actitud positiva».

De manera inmediata, el esplendor del día se hizo testigo del glorioso milagro de la transformación de mis pensamientos, que solo es posible a través de un gran despertar, por lo que entonces afirmé:

—Soy lo que hago.
Hago lo que siento.
Siento lo que pienso.
Pienso en lo que creo.

Con esta piedra descubrí el poder transformador que tienen nuestros pensamientos, fundados en creencias que, desde niños, vamos adquiriendo. Es aquí cuando, a través de la fuerza de nuestras decisiones, desarrollamos la capacidad de elegir en que creer y, solo a partir de allí, cambiar lo que somos tan solo con ajustar el enfoque de nuestra perspectiva.

Volteé mi mirada para ver de nuevo a quienes pasaban frente a mí.

Aún de pie, en medio del camino, con el agradecimiento que nace de la aceptación real y la actitud positiva en mis manos, comencé a descubrir las maravillosas virtudes de cada una de las personas que, con el reflejo de *Tu Yo*, se cruzaban en mi camino para reconocer en ellos lo que *Mi Yo* necesitaría aprender.

Vi entonces a los que había señalado como *dependientes*. En ellos reconocí la importancia de entender que no estamos solos en el camino y que cada acción genera un impacto hacia otras personas, por lo que, su temperamento sumiso, pasivo y dócil, los podría interpretar como el reflejo ideal de la empatía que se necesita para fomentar una sociedad basada en el respeto y la compasión por quienes nos rodean.

Miré de nuevo a *los narcisistas*, de quienes reconozco el fervor que tienen por concentrar su atención hacia sus propias necesidades, resaltando sus atributos y manteniéndose en primer lugar, ya que el aplauso más importante es el que viene desde adentro.

Seguidamente observé a *los victimistas*, de quienes valoro su recelo constante por mantener su resguardo de las hostilidades externas, pues vivimos en un mundo compartido con historias y escenarios, muchas veces adversas, que dispersan nuestra visión y, sin querer, en un descuido, podrían apartarnos de nuestra ruta.

Junto a ellos vi también a *los derrotistas,* que, al reconocer el fracaso, me ayudan a entender que el éxito es un tema de elección.

Entonces vi a *Tu Yo* sonreír una vez más, desde el reflejo de *los obsesivos compulsivos*, quienes dejan evidencia de los grandiosos frutos de la constancia y dedicación.

Lo reconocí también en los histriónicos, en quienes aplaudo la disposición hacia el cambio constante y la apertura de su mente hacia nuevas experiencias.

Luego, se acercaron a mí *los perfeccionistas o anancásticos*, a quienes saludé con una sonrisa, quedándome de ellos con su devoción hacia el enfoque de sus metas y la revisión constante de su evolución.

Y por último, vi pasar a *los intuitivos*, que despiertan mi admiración a través del valor hacia los sentimientos y la comprensión de las emociones como fuentes de expresión humana. Valoro su capacidad para reconocer las oportunidades y la vigilancia por la orientación de sus pensamientos hacia aquello que perciben a partir del presente.

Ahora sabía que no estaba sola. Entendí que formo parte de un mundo increíble, diverso, lleno de miles personas con pensamientos únicos, que convergen en un punto para acompañar sus temores, complementar sus necesidades y compartir sus sueños.

Tomé entonces la tercera piedra, era color naranja. En ella se reflejaba la imponencia del sol radiante transmitiendo una energía que evocaba una mezcla de entusiasmo y compromiso para avanzar en mi ruta, por lo que entonces la llamé «Acción con propósito».

En ese instante, la reflexión de mis pensamientos abrió paso a un nuevo escenario, uno que no conocía y que se ubicaba de cara hacia el futuro. Fue entonces en ese lugar, parada junto al camino, donde comprendí que me encontraba en el verdadero punto de partida, justo en el que podía mirar atrás y darme cuenta de cuánto había crecido, y justo en el que ahora, mirando al frente, podía comenzar a proyectar mi historia.

Finalmente, me sentía lista para enderezar mis pasos y continuar mi camino, solo que ya no tenía prisa, pues quería disfrutar del trayecto y de cada episodio de mi verdadera historia bonita, que es la que vivimos cuando no estamos muertos.

CAPÍTULO 8
EL PASO QUE SIGUE

Hoy ha pasado algún tiempo desde que viví aquella experiencia. Desde entonces sigo aprendiendo las lecciones del trayecto, observando las señales y valorando cada minuto como un regalo divino que se obtiene solo en el presente.

Cada día procuro encontrar constantemente la reflexión en mis pensamientos, manteniendo la capacidad de interpretar los escenarios desde la comprensión profunda y el agradecimiento antes de emitir cualquier tipo de juicio.

Valoro los momentos en los que me sentí abatida en el suelo, sin ánimos ni fuerzas para afrontar el sentido equivocado de la ruta. Esos momentos en el que, por miedo, omisión o descuido, decidimos pasar por alto nuestra propia realidad; esos momentos en el que, en un fuerte impacto, sentimos que nos sitúan de nuevo al inicio del camino.

Desde aquel entonces, conservo en mi mente las lecciones aprendidas como un gran tesoro que iluminan mi sendero en cada paso del trayecto. Aquellas piedras preciosas, que, como un regalo divino, aparecieron frente a mis ojos luego de una hecatombe de emociones, son los fundamentos en los que cada día modelo mi andar, y así, a través de mis huellas, aspiro poder ayudar a otros que, como Mi Yo, puedan encontrarse perdidos en medio del camino.

Estos fundamentos me han ayudado a encontrar el verdadero sentido, por lo que hoy comparto lo siguiente:

1. Para, para, para..., por favor, detente un momento

Mira a tu alrededor, respira, siente los latidos de tu corazón que te indican que estás aquí, en el ahora.

Al inicio de nuestro trayecto, somos programados para seguir rutas dibujadas por la sabiduría del entorno, nuestros padres, nuestros maestros, la religión y la sociedad. Sin embargo, en la medida que avanzamos es cuando podemos descubrir nuestro propio camino, aquel en el que seamos capaz de reconocer el sentido más valioso de la vida, nuestro crecimiento.

Muchas veces, durante el crecimiento, los pensamientos se desarrollan como un vicio anclado a una historia que, con juicios heredados, ensombrecen el trayecto con una bruma espesa que inhabilita nuestra visión hasta perder nuestra ruta y dejarnos atrapados, como en un laberinto.

Al sentirnos atrapados en un mundo cargado de etiquetas centradas en la culpa y el arrepentimiento, con una realidad que definitivamente no queremos, avanzamos reactivamente en una búsqueda afanada de lo que nos hace falta, en la que, de manera innata y como un acto de superveniencia, adoptamos una actitud enceguecida por la inconsciencia hasta acabar convertidos en una especie de zombis que recorren el trayecto en una rutina imparable y sin sentido.

En consecuencia, de forma inconsciente, comenzamos a transitar nuestra ruta en función de las expectativas que depositamos en las relaciones con nuestro entorno, en las que buscamos satisfacer el deseo innato por encontrar la felicidad y la satisfacción personal que en algún punto sentimos haber perdido.

Esta búsqueda imparable se conviete entonces en el objetivo central de nuestro trayecto, evadiendo nuevamente el presente y ahora centrados en un futuro con una lista interminable de escenas efímeras de nuestros pensamientos en las que esperamos encontrar, como en una historia bonita, aquello que realmente nos haga feliz.

Con el tiempo, esta lista interminable de condiciones deseadas se conviete en una nueva carga que entorpece nuestro andar, fatigando nuestra alma y lastimando nuestros sueños hasta dejarnos alcanzar de nuevo por los mismos vicios del pensamiento cargados de frustración, pena y angustia que, como en una película anterior, habíamos decidido dejar atrás.

En ese transitar confuso de la vida, solo un acto de autorreconocimiento y compasión auténtica, nos puede ayudar a liberar nuestros pensamientos de esos terribles vicios que nos atrapan, nos aíslan y nos consumen desde adentro.

Con tan solo un momento de reflexión profunda, si nos detenemos un minuto para respirar y mirar a nuestro alrededor, nos damos cuenta de que la mayoría de los hechos no nos pertenecen. Al mirar nuestras manos, en el aquí y en el ahora, podremos ver lo que verdaderamente es nuestro..., el vacío de un pasado que ya no existe y el espacio suficiente para recibir los grandiosos tesoros que nos ofrece la vida para ayudarnos a descubrir nuestro propio camino.

Detener nuestros pasos para reconocer el presente es hacernos conscientes de su fugacidad y las posibilidades infinitas que nos ofrece en cada instante. Es en el aquí y en el ahora donde podemos tomar decisiones y experimentar plenamente las emociones reales de nuestra conexión con el entorno.

Cuando valoramos el presente, se acciona una energía motivadora que nos conduce a aprovechar al máximo cada instante de nuestra vida, agradeciendo cada experiencia y descubriendo la belleza en la simplicidad de la vida cotidiana.

Al enfocarnos en lo que tenemos en lugar de lo que nos falta, cultivamos una mentalidad positiva orientada hacia la abundancia y fortaleciendo nuestros lazos con el mundo que nos rodea. Es en el presente donde la vida realmente ocurre, y cultivar un sentido de valor y agradecimiento tiene un impacto poderoso en nuestro verdadero sentido, el crecimiento.

De esto, he aprendido que aprender a valorar el presente nos concede la oportunidad de conectar nuestros pensamientos con nuestras acciones y percibir la maravillosa plenitud que solo se puede experimentar justo en este momento. Por eso, quiero compartir estos sencillos consejos que te ayudarán a conectar con tu momento:

—*Si vas a dormir, duerme* y libera tus sueños para que te lleven a volar y puedas visualizar desde un escenario superior la grandeza de tus aspiraciones.

—*Si vas a comer, come* y disfruta de la variedad de sabores que entre dulces y amargos evidencian los frutos nuestra existencia.

—*Si vas a bailar, baila* y deja que la música remueva cada célula de tu cuerpo para sincronizar tu espíritu libre con tus acciones.

—*Si vas a correr, corre* y percibe en tu rostro el roce del viento que te indica la velocidad de tus pasos.

—*Si vas a reír, ríe* y deja que tu alegría ilumine a otras personas que transitan sin ver su propio camino.

—*Si vas a llorar, llora* y deja que las lágrimas purifiquen tu alma para dar espacio a nuevas emociones que motiven cada uno de tus pasos.

—*Si vas a perdonar, perdona* y deja que el amor entre a tu vida y libere tu espíritu.

En cada minuto, recuerda vivir y conectar tus pensamientos con el momento presente, sintiendo tu respiración y valorando profundamente cada latido, porque el corazón solo puede latir en un tiempo, en el aquí y el ahora.

2. Encuentra a Tu Yo

Mira hacia adentro y busca ese niño asustado que quedó atrapado en el laberinto de los recuerdos.

Cuando nacemos, somos acogidos por una telaraña de relaciones humanas que comienzan a tejer los hilos de nuestra historia. A partir de allí, y en la medida que avanzamos en nuestro trayecto, se va forjando nuestra identidad, la cual muchas veces queda atrapada en la perspectiva individual de quienes nos han moldeado desde niños.

Así, cada uno va creando su versión de sí mismo, a veces por narrativas heredadas, a veces forjada por creencias ajenas, e incluso muchas veces distorsionada por nuestra propia perspectiva. De esta manera, si nos ubicamos en el presente, podemos observar nuestra transformación como una película transcurrida a través del tiempo. Con una simple vista hacia antiguos escenarios, podríamos descubrir cuantas etiquetas hemos creado en nuestra conciencia para definir el concepto sobre quiénes somos a través de creencias transmitidas por nuestra propia cultura.

Sin embargo, con el pasar del tiempo y las experiencias vividas, como seres cambiantes al mirar atrás, podemos darnos cuenta de que nuestra visión sobre algunas cosas se va modificando. Así, aquellas emociones que tuvieron inicio en episodios pasados, bien podrían revelar una imagen desfasada de nuestra realidad, generando confusión a través de diferentes enfoques, que va cambiando sus matices entre una época y otra.

De esta manera, no existe una fórmula exacta para el transitar de la vida, no existen parámetros reales ni bases específicas sobre una forma única de actuar ni de interpretar los escenarios, pues, en el fondo, muchas veces avanzamos en el trayecto en función de una perspectiva difusa del cual no estamos seguros de comprender lo que sucedió hacia atrás, por lo que tampoco nos permite ver con claridad lo que viene adelante.

Por lo tanto, podemos percibir el comportamiento individual como una clara manifestación de la carga emocional que cada uno lleva por dentro en el que expresa, de manera innata, sus miedos, angustias y dolores más profundos almacenados durante el trayecto.

Cuando observamos nuestros inicios, como en una película, desde la comprensión de los hechos, podemos desarrollar la capacidad de reconocer cada episodio de nuestra existencia como un evento de transformación que sucede en un mismo lugar y en un mismo tiempo, pero con diferentes perspectivas de personajes con juicios y creencias particulares que pueden, o no, ser contrarias a la nuestra, por lo cual la historia contada jamás podría ser la misma.

Es así como cada uno de nosotros, en la búsqueda de nuestra propia identidad, vamos experimentando cambios de pensamientos y adoptando diferentes actitudes frente a lo que sentimos en cada escenario. Cada uno afronta sus propios desafíos con las herramientas que posea conforme a su carga. Cada quien elige qué papel tomar en la escena de su vida y, asimismo, cada quien, con los recursos disponibles, va recorriendo el trayecto acorde al resultado de sus propios pensamientos.

Así, en el transitar del camino, nos encontramos con compañeros de viaje que vienen y van, cada uno con su propia historia, con su carga y propósito individual. Algunos nos inspiran, otros nos desafían, y algunos solo comparten un breve tramo de nuestro trayecto antes de seguir su rumbo. No obstante, independientemente de sus características particulares, valores o creencias, cada interacción y cada relación nos aporta un matiz único a nuestra historia que nos brinda, la oportunidad de reconocernos en ellos, como en un espejo.

Cada encuentro y cada relación refleja aspectos de nosotros mismos que, sin pensar, pasamos por alto. A través del mundo interior y con una mirada reflexiva a nuestro alrededor, podemos encontrar el reflejo de *Tu Yo* atrapado en nuestros excesos y carencias emocionales para que, como en una lección por aprender, logremos descubrir esa fuerza interior que necesitamos para avanzar y descubrir nuestro camino.

Cuando observamos a nuestro alrededor y percibimos que nuestro entorno altera nuestros sentidos, como señales emergentes, nos alerta de que estamos en presencia de un ciclo de transformación interna que solo refleja la magnitud del laberinto en el que nos encontramos perdidos.

Es entonces cuando el miedo, como repuesta innata, nos conduce sin querer a un rincón de resguardo en el que, aun siendo el mismo punto de partida, podríamos aprovechar para cambiar nuestra percepción a favor de nuestro crecimiento y, con determinación y propósito, reforzar nuestras capacidades para prepararnos y retomar el camino.

Este rincón de resguardo puede convertirse, en medio de una gran tormenta, en el punto de partida para evolucionar de manera más consciente, enriqueciendo nuestra propia comprensión, y encontrar, a través del autorreconocimiento, el verdadero equilibrio.

La transformación individual inicia con la aceptación interna, que, a diferencia de la resignación, conlleva a un estado de paz a través de la compasión y la disposición de encontrarse a sí mismo, dejando a un lado las expectativas y reconociendo en *Tu Yo* nuestra propia realidad.

3. Reescribe tu historia

Todos soñamos con vivir una verdadera historia bonita.

Cuando miramos hacia atrás desde la compasión y la comprensión humana, observamos nuestra propia transformación ocurrida a través de la evolución de nuestras acciones como resultado de nuestros pensamientos, apoyada en el aprendizaje y las herramientas adquiridas en cada etapa del proceso.

Esta visión nos permite, desde el presente, revaluar nuestra historia bajo un enfoque diferente que nos brinde la oportunidad de crear una nueva versión en la que, en lugar de señalarnos como víctimas de episodios anteriores, podamos reconocer el potencial de aquellas habilidades y fortalezas que, a pesar de las adversidades, nos mantuvieron en pie para recorrer el camino que nos condujo hasta aquí.

Convertirnos en narradores auténticos de nuestra propia historia nos concede el poder de realzar nuestro valor, aun en los momentos más difíciles. Podemos escribir detalladamente todo el aprendizaje obtenido en cada triunfo y en cada derrota, reconociendo así nuestras fortalezas y virtudes que, tal vez en nuestra historia anterior, dejamos pasar desapercibidas.

Esta nueva visión sobre nosotros nos permite enfocarnos en el compromiso con nuestra propia evolución partiendo desde el presente, con el aprendizaje obtenido desde el pasado y la disposición creciente de proyectarnos hacia nuestro futuro.

Como punto de partida, de manera particular, mantengo mi enfoque en cuatro pilares de crecimiento que engloban la narrativa completa de mi existencia. Cada uno de ellos se entrelaza de manera intrínseca, y me permite abarcar el escenario con una visión mucho más amplia.

a. *El desarrollo personal:* si consideramos que nuestro cuerpo y mente son los vehículos que nos llevan a través de la vida, entonces es esencial prestar especial atención en su cuidado y protección. Asumir el compromiso de autocuidado implica adoptar nuevos hábitos que nos ayuden a mejorar nuestra salud física, mental y emocional, enfocándonos en desarrollar una imagen corporal más positiva y fomentar una mente equilibrada y resiliente.

b. *La familia*: en cualquier punto de nuestro trayecto, podemos decidir escribir y cambiar el final de nuestra historia, pero no es posible cambiar el nacimiento de nuestra existencia. Por tal motivo, un pilar fundamental para nuestro crecimiento es reconocer y honrar nuestras raíces, que son vínculos inquebrantables, que dan origen a la mayoría de nuestras creencias y tradiciones. Aunque las relaciones familiares puedan parecer muy complicadas, a través de la compasión y la comprensión humana podemos ocuparnos de aprender a sanar las heridas que, quizás, en algún punto, hayan podido fracturar esos lazos familiares que conforman la base de nuestra vida.

c. *El entorno*: en un mundo tan diverso, existe gran pluralidad de pensamientos que conectan nuestras emociones a través de las relaciones personales. Cada encuentro resulta un espejo en los que vemos reflejados aspectos de nosotros mismos y que se cruzan en nuestro camino para mostrar aquello que nos hace falta para crecer. De esta manera, fomentar las interacciones cotidianas, desde la comprensión de las diferentes perspectivas, nos ayuda a fortalecer nuestra visión y conexión con el mundo que nos rodea.

d. *La confianza*: para desarrollar la capacidad de abordar los desafíos del trayecto es importante construir una base sólida que nos respalde en la búsqueda de la construcción de la nueva versión de nosotros mismos. Para esto podríamos establecer estrategias que nos ayuden a desarrollar habilidades eficientes para el manejo de nuestras emociones, la gestión de nuestras fianzas y la creación de una red de protección que nos permita crecer con confianza.

Reencuadrar nuestra historia nos permite liberarnos de vicios del pensamiento para abrir nuestra visión hacia el presente, donde, a través del compromiso individual hacia nuestro crecimiento, nos brindemos la oportunidad de crear nuestros propios escenarios, convirtiéndonos en los autores de nuestra propia narrativa con la disposición plena de comenzar a escribir nuestra verdadera historia bonita.

4. *Descubre tu tesoro*

Diseñar la ruta es como dibujar un mapa a partir de una hoja en blanco.

En la ruta del crecimiento, encontrar el camino hacia la satisfacción y la realización personal es como buscar un tesoro en una hoja en blanco.

Muchas veces, la calidad de nuestras vidas se suele calcular en función de los éxitos y fracasos, como etiquetas creadas en nuestro subconsciente que vamos acumulando durante nuestro trayecto. Ambos términos resultan de la percepción individual de satisfacciones y logros alcanzados por cada uno, y no, necesariamente, de estándares externos.

Durante el trayecto podemos observar cada individuo que cruza frente a nosotros y con quien compartimos un anhelo común: la búsqueda constante de la felicidad. Este objetivo compartido nos une en nuestro viaje hacia una vida más plena, en el que cada uno sigue su propia ruta diseñada en función de su perspectiva, influenciada por su historia, valores, cultura y experiencia personales.

Al diseñar nuestra ruta, antes de trazar la primera línea, es fundamental que nos tomemos el tiempo para reflexionar profundamente sobre nuestro escenario presente y su conexión con nuestras emociones y sueños más deseados. Esto nos dará una visión clara sobre nuestro punto de partida y la motivación que nos impulsa para iniciar un nuevo trayecto sabiendo que, en cada paso que demos, habrá una oportunidad para aprender y evolucionar hacia el sentido que elijamos, con autenticidad y propósito.

En el trayecto de nuestro viaje, en cada paso vamos explorando el significado más profundo de nuestros pensamientos a través de un proceso de comprensión interna que nos ayuda a descubrir quiénes somos y la razón que nos impulsa a avanzar en la búsqueda de nuestro propio camino.

Descubrir nuestro propósito implica reflexionar sobre nuestras pasiones, valores, talentos y experiencias significativas en la vida. Es una búsqueda profunda y reveladora que nos lleva a vislumbrar nuestra razón de ser y encontrar un sentido auténtico en todo lo que hacemos.

A partir de allí, podemos comenzar a dibujar algunos trazos gruesos que marcarán la dirección del trayecto, orientado hacia pequeños objetivos que iremos diseñando como estaciones de avance. Estas estaciones representan un espacio de autoencuentro en el que podemos evaluar nuestras opciones, identificar pasos concretos y planificar nuestra ruta de manera mucho más asertiva:

1. Observa: mira hacia adentro y examina aquellas emociones que emanan desde lo más profundo cuando realizas algo que te apasiona. Identifica cada una de ellas y anota los pensamientos que estaban presente en los momentos en que se desarrollaron. ¿En qué pensabas?

2. Explora: imagina por un momento que estás frente a un mostrador donde se sirven oportunidades a la carta con diferentes estilos, sabores y formas, las cuales puedes combinar entre ellas. Ahora imagina preparar tu propio plato y poder experimentar cosas nuevas. Esto te ayudará a desfasarte de tu zona de confort, ampliando tus posibilidades de visualizar nuevos horizontes y arriesgarte, incluso, a cometer errores.

3. Sigue a tu intuición: considera tus emociones al encontrarte en diferentes escenarios y anota lo que no te gusta y

que va en contra de tus creencias. Si bien te puede resultar difícil descubrir lo que quieres, esto te ayudará a marcar lo que «no quieres».

4. Inspírate: cultiva la curiosidad hacia el crecimiento y busca referencia sobre personas que han alcanzado su propósito. Anota aquello con lo que te sientas identificado y apóyate en su experiencia.

5. Persevera en la autenticidad: como seres individuales, no tenemos por qué encajar nuestros sueños en ideas preconcebidas. Continúa explorando y aprendiendo de nuevas experiencias hasta conseguir aquello que realmente te satisfaga.

6. Adaptabilidad: nuestro crecimiento es un proceso constante de evolución que va cambiando nuestra perspectiva, sueños y ambiciones. En consecuencia, nuestro propósito también puede ir cambiando, por lo que debemos tener una actitud de adaptabilidad para aceptar con gratitud las nuevas eventualidades que puedan presentarse en el camino.

En la medida que avanzamos en la práctica constante de descubrir nuestro camino, podemos comenzar a delinear trazos más finos que le irán dando mayor forma al mapa que dibujamos para nuestra ruta.

Según proyectamos nuestros pasos a través del aprendizaje adquirido en la experiencia, nuestras acciones y elecciones diarias van develando los primeros bocetos de nuestro mapa que le darán, con nuestro avance, un nuevo sentido a nuestra ruta.

Mientras caminamos, sabemos que estamos en el camino correcto cuando experimentamos una sensación profunda de satisfacción, aun cuando no hayamos logrado descubrir nuestro verdadero tesoro.

Avanzar con propósito implica que cada paso que damos tiene un significado real que nos conecta con nuestras pasiones, valores y metas más profundas, lo que nos guía en la elección de un camino lleno de satisfacción que nos permite reconocer nuestra propia existencia.

5. Da el primer paso

Enfoca tu siguiente paso, porque el paso más importante es el que sigue.

Antes de dar un primer paso, es importante reconocer el punto donde estamos, y, desde allí, definir un sentido de dirección a nuestro trayecto. Al mirar a nuestro entorno y reconocernos en él como parte de un todo, nos concede una visión realista sobre el progreso que hemos logrado hasta ahora. Esta visión nos permitirá tomar decisiones efectivas, llenas de confianza y autodeterminación.

De esta manera, el significado de nuestra vida comienza a tomar forma en la medida que alineamos nuestras acciones con nuestros valores, pasiones y objetivos más profundos, dando como resultado un estado de prosperidad que genera un impacto positivo para retomar el curso de nuestra historia.

Al caminar conscientes del poder de nuestros pensamientos, descubrimos el potencial que fluye desde nuestro interior con la capacidad de observarnos profundamente, moldear nuestros patrones y enfocar nuestra mente hacia aquello que realmente nos impulsa a crecer.

Sin embargo, dar el primer paso no solo es un acto seguido por el impulso de avanzar hacia nuestro objetivo. Dar el primer paso es un acto congruente entre nuestra conciencia, propósito y determinación que asumimos como un compromiso real, alineado con nuestras aspiraciones más profundas para asumir cada obstáculo y experiencia como una oportunidad de aprendizaje para nuestro propio crecimiento.

La capacidad de aceptación hacia las nuevas experiencias va alineada con nuestra disposición de un enfoque selectivo sobre nuestros objetivos y el talento para centrar nuestros esfuerzos en la dirección adecuada. Por lo tanto, una labor previa a un acto tan significativo como lo que es el primer paso será tomarnos un tiempo de preparación para adquirir las herramientas que actuarán como el motor principal para impulsar nuestras acciones, enfocadas al alcance de nuestras metas.

Este tiempo previo de preparación interna será como un campo de entrenamiento en el que nuestra mente, cuerpo y motivación estén alineados hacia un mismo sentido y nos aseguremos de que están en sintonía con nuestro propósito antes de comenzar la acción.

Durante el proceso, reflexionaremos sobre nuestra meta y, como en un mapa, marcaremos la ruta identificando los posibles desafíos que podamos encontrar en el camino. De esta manera, podríamos evaluar nuestras condiciones, aptitudes y herramientas necesarias para alcanzar un progreso significativo que nos conduzca hacia el logro de nuestros objetivos.

En mi trayecto, he puesto en práctica dos herramientas fundamentales que me han servido de apoyo para aprender a enfocar mis objetivos y alcanzar un mayor nivel de éxito en mi camino:

1. El poder de la elección responsable:

Esta herramienta me ha servido para recordar que son mis decisiones quienes conducen las riendas de mi destino, por cuanto cada elección, por muy insignificante que parezca, genera un impacto que puede ser positivo o negativo en nuestro proceso de crecimiento.

De esta manera, el poder de la elección radica en asumir la responsabilidad de las consecuencias de nuestras acciones, pero, además, nos ofrece una oportunidad de avanzar al siguiente paso. De tal forma que, en el punto que nos encontramos, podemos optar por la posibilidad en lugar de la negatividad, la resiliencia en lugar de la desesperación, y el crecimiento en lugar del estancamiento.

Es importante mantener presente que el enfoque actúa como una brújula para orientarnos hacia dónde queremos ir, mientras que las decisiones son el empuje que nos permite a avanzar paso a paso en el camino.

2. El poder de la transformación a través del aprendizaje

Durante el proceso de autodescubrimiento y crecimiento personal, esta herramienta representa como una luz que ilumina el camino para ampliar el horizonte hacia nuevas oportunidades.

En el cambio constante del mundo en el que vivimos, el aprendizaje es el medio para adquirir conocimientos y habilidades que potencien nuestra destreza para adaptarnos, de manera eficiente, a los desafíos del camino, aumentando la capacidad de enfocar nuestros objetivos con mayor precisión y efectividad.

La combinación de estas dos herramientas, el poder de la elección responsable y el poder de la transformación a través del aprendizaje, nos permite mantenernos enfocados en nuestros objetivos y tomar decisiones mucho más asertivas que nos conduzcan a una evolución positiva.

Esta evolución, impulsada por la acción hacia el siguiente paso, genera un avance satisfactorio que nos motiva a continuar, de manera resiliente, comprometidos con el éxito de nuestro propio crecimiento. Por tanto, cada obstáculo se convierte en una fuente de aprendizaje y cada desafío en un espejo que refleja la motivación y confianza que nos ayuda a revelar una versión mejorada de nosotros mismos.

Al final, descubrimos que nuestro viaje es tan valioso como el destino final, y que cada paso nos va transformando a un estado de realización y autenticidad cada vez mayor que nos revela nuestro propio camino.

LAS HUELLAS DE MI VIAJE

Desde aquel evento sucedido, en medio de un torbellino de emociones, las palabras de *Tu Yo* continúan sirviéndome de guía, recordándome que cada paso me acerca, un poco más, al alcance de mis metas.

Al mirar atrás, observo cuántas personas se han cruzado en la encrucijada de mi vida, con experiencias que revelan grandes logros, desafíos y sueños enlazados a mi historia, que despiertan un gran sentido de conexión y empatía por aquellos que, como yo, recorren el trayecto como viajeros en busca de su propio significado.

En cada amanecer, agradezco un nuevo día y me ubico en el trayecto para avanzar con conciencia, sabiendo que en la ruta me espera un devenir de situaciones que pondrán a prueba mi fortaleza y cuestionarán mi camino.

Sin embargo, en los momentos de debilidad y en el claudicar de mis pensamientos, sé que es aquí, en el ahora, cuando, a través de mi fuerza interior, puedo descubrir esa voluntad inquebrantable que me ayuda a superar cualquier desafío. Porque no importa el punto donde estemos, incluso si es en medio del camino, pues es allí, justo en ese lugar, donde realmente podremos comenzar a escribir una nueva historia.

Hoy sigo caminando con mi mente en blanco y las manos vacías dispuestas para recibir las bendiciones del presente. De vez en cuando miro atrás para revisar las huellas de mi crecimiento, pues, durante mi andar, procuro pisar con firmeza para marcar la ruta que pueda servir de guía para aquellos que deseen orientarse a través de mis pasos.

Soy *Mi Yo*, pero también, a veces, puedo ser *Tu Yo*, de estatura promedio, piel tersa, ojos brillantes y una voz sublime que susurra a tu oído para decirte que hoy estas aquí, en el camino ideal, con el poder de decidir el momento de transformar las piedras y reiniciar tu trayecto para disfrutar de una verdadera historia bonita en la que solo existe el presente y en la que vale caminar... un paso a la vez.

AGRADECIMIENTO

En el andar de nuestras vidas, muchas veces encontramos personas extraordinarias que, de una forma u otra, iluminan nuestro camino y nos ayudan a descubrir el potencial que cada uno llevamos por dentro. Mi Yo & Tu Yo es el resultado de un viaje personal de transformación que no habría sido posible sin la influencia y el apoyo de muchas personas especiales que se han cruzado en mi ruta para revelar cada parte de mi historia. A todas ellas, quiero expresar mi más profundo agradecimiento y en especial a Dinora y Margarita, quienes han sido los espejos que reflejaron partes de mí que, en medio de la turbulencia, no podía ver por mi cuenta. Sus amistades y apoyo han sido tesoros invaluables en mi experiencia. Cada conversación y cada risa compartida han sido lecciones preciosas que han impulsado mi camino de éxito hacia el autodescubrimiento.

Gracias por ser parte de mi historia.

Con gratitud,
Mery Vásquez